Der Krampf mit dem Magen

Bittere Pillen Patientenreihe
Herausgeber: K. Langbein, H.-P. Martin, H. Weiss

Krista Federspiel

Der Krampf mit dem Magen

Was tun bei Gastritis und Geschwüren?

Ein Ratgeber

Kiepenheuer & Witsch

Umschlag Hannes Jähn, Köln
Gesamtherstellung Clausen & Bosse, Leck
ISBN 3 462 01822 1

Wissenschaftliche Beratung

Oberarzt Dr. Gert Judmaier, Gastroenterologe, Universitätsklinik für Innere Medizin, Innsbruck
Univ. Prof. Dr. Wolfgang Wesiack, Ordinarius für Medizinische Psychologie und Psychotherapie, Universität Innsbruck

Die Angaben über Medikamente stützen sich auf die Bewertungen im Buch »Bittere Pillen«, Ausgabe 1986/87, an der als wissenschaftliche Berater mitgearbeitet haben:
Dr. Gerd Glaeske, Pharmazeut am Bremer Institut für Präventionsforschung und Sozialmedizin
Prof. Dr. Eberhard Greiser, Medizinstatistiker, Epidemiologe, Bremen
Prof. Dr. Jörg Remien, Arzt für Pharmakologie und Toxikologie, Universität München
Prof. Dr. Hans Winkler, Pharmakologe, Universität Innsbruck

Mitarbeit

Verena Corazza, Wien
Franziska Domforth, Wien
Andrea Ernst, Wien
Erika Stegmann, Köln

Grafik

Gerti Gnan, Wien

Inhalt

A. Magenerkrankungen

1. **Einleitung**

1.1. Sprichwörtliches

Nicht nur die Liebe geht durch den Magen. Auch Aufregung, Kummer, Sorge und Wut. Der Volksmund ist verräterisch. Oft benützt er zur Darstellung von Stimmungen und Gefühlslagen Bilder, die körperliche Zustände beschreiben. Damit stellt er den Zusammenhang her zwischen dem seelischen Empfinden und seinem körperlichen Ausdruck. Redewendungen bieten eine Übersetzung der Körpersprache an, die zu verstehen viele Menschen verlernt haben.
Wer auf andere »sauer ist« und feststellt, er könne sie »nicht verdauen«, wer klagt, er müsse »allerhand hinunterschlucken« und mit einer Handbewegung zum Mund betont, er hätte schon alles »bis hierher«, wer klagt, »alles ist zum Kotzen«, beschreibt eindringlich, daß der seelische Verdauungsapparat auf den körperlichen einwirkt – und umgekehrt.

Balanceakt

Funktionelle Oberbauchbeschwerden, die oft fälscherlicherweise »Gastritis« genannt werden, und die Zwölffingerdarmgeschwüre zählen deshalb zu den klassischen psychosomatischen Erkrankungen. Das heißt, den Körper macht (auch) krank, daß die Seele mit bestimmten Belastungen nicht fertig wird. Mehrere Studien haben gezeigt, daß vor allem bei chronischen Formen dieser Erkrankungen den neuen Beschwerden sehr oft Streßsituationen verschiedener Art oder besondere emotionale Erregung vorausgehen[1].
Die Griechen des Altertums haben im Oberbauch den Sitz der Seele

gesehen[2]. Der Volksmund nennt ihn den Wetterwinkel der Gesundheit. Wer fröhlich ist, hält sich den Bauch vor Lachen – weil das Zwerchfell erschüttert ist und die Eingeweide durchrüttelt. Das ist gesund. Wer aufgeregt ist, spürt, wie es in der Magengrube zittert oder wie sich der Magen hebt. Wenn der Magen »verrückt« spielt und sich gebärdet wie bei hohem Seegang, dann reagiert er auf das »Sturmwetter«.

Der Magen liegt unmittelbar vor dem Nervengeflecht, das den Boxern als Solarplexus ein Begriff ist. Ein Schlag auf den Solarplexus kann einen Schock auslösen: Der Getroffene wird blaß, krümmt sich vor Schmerz und verliert unter Umständen sein Stehvermögen. So ähnlich – wenn auch nicht so plötzlich und gewaltsam – kann man sich die Wirkung vorstellen, die der Streß auf das irritierte Nervengeflecht im Bauchgebiet auf den Magen und sein Umfeld ausübt.

Es ist ein Teil des vegetativen Nervensystems, das – in der Regel ohne Einfluß durch den Willen – die lebenserhaltenden Funktionen im Körper steuert. Die harmonische Tätigkeit der Verdauungsorgane setzt voraus, daß die beiden Hauptnervenstränge dieses Systems (*Sympaticus* und *Parasympaticus*) einander in ihrer Wechselwirkung im Gleichgewicht halten[3].

1.2. Was auf den Magen schlägt

Ein Geschwür kommt nicht von ungefähr. Es ist nur ein Zeichen dafür, daß der »Balanceakt« nicht gelungen ist[4].

Meist haben Betroffene sich schon vorher nicht wohl gefühlt, haben bemerkt, daß »etwas nicht in Ordnung« ist, aber solche Hinweise auf Störungen im Lebenssystem nicht ernstgenommen. Jeder Mensch ist eingebettet in viele verschiedene Systeme: in den Beruf, die Familie, in Beziehungen, in die Gesellschaft.

Es gehört zum Alltag, daß in diesen Regelkreisen ununterbrochen Störungen eintreten wie z. B. Überraschungen, Konflikte, aber auch Langeweile, und daß man auf sie reagiert und sie ausbalanciert[5].

Auch der Körper tut dies, solange es ihm möglich ist. Kann er eine Störung nicht mehr ausgleichen, so sucht er ein Ventil, und eine Krankheit tritt auf.

Als weitere aggressive Störfaktoren können etwa falsche Eßgewohnheiten – zu rasches oder zu üppiges Essen – wirken. Übermäßiges Trinken von Alkohol reizt die Magenschleimhaut ebenso wie Zigarettenrauchen. Es gibt bis jetzt aber keinen Nachweis, daß Coffein die Entstehung von Magengeschwüren begünstigt, obwohl es die Werbung für coffeinfreien Kaffee suggerieren will. Viele Medikamente – vor allem Schmerz- und Rheumamittel – greifen die Magenschleimhaut an und können sogar zu Magengeschwüren und zu Blutungen führen. Manche Infektionskrankheiten und Störungen anderer Organe wie des Gleichgewichtssinnes – etwa bei Reisen – lösen Magenreizung, Übelkeit, Erbrechen aus. Manche Gifte an bestimmten Arbeitsplätzen können immer wieder Magenbeschwerden hervorrufen.
Oft fahndet der Arzt, bei dem man Hilfe sucht, ausschließlich nach körperlichen Krankheitszeichen und stellt keine Fragen nach dem psychosozialen Umfeld. Aber er gibt der Krankheit einen Namen, etwa »Gastritis«. Damit erleichtert er dem Betroffenen, wozu dieser ohnehin neigt: sich von der eigenen Erkrankung abzuspalten. Wer sagen kann »Mein Magen ist nicht in Ordnung« braucht sich nicht mehr der Frage zu stellen »Was ist mit mir nicht in Ordnung, warum bin ich krank?«. Das fördert auch die Einstellung, den eigenen Körper als »Maschine« zu empfinden, die wegen einer vorübergehenden Funktionsstörung zum Service gebracht und repariert wird und nachher wieder reibungslos funktionieren soll.
Das macht der Körper aber gerade bei Oberbauchbeschwerden nicht. Sehr viele Störungen im Magenbereich kommen immer wieder, weil der Teufelskreis von Ursache und Beschwerden die Krankheit immer weiter verstärkt[6].

Werbung zum Mißbrauch

Vor der Wiederkehr der Beschwerden schützt auch der Griff nach der Medikamentenpackung nicht. Magenmittel wurden in den letzten Jahren in der Bundesrepublik und in Österreich – mit Zuwachsraten bis zu 50 Prozent – zum Verkaufshit. Die BRD liegt mit ihrem Verbrauch sogar an der vierten Stelle der Weltrangliste[7]. 32 Millionen Packungen gehen jährlich über die Verkaufstische der bundesdeutschen Apotheken, die Österreicher kaufen immerhin noch 2,4 Millionen im Jahr – die meisten davon ohne ärztliche Untersuchung[8].
Sicher hat die Werbung darauf großen Einfluß: »Immer wenn der Magen

nervt...«[9] soll man das eine Mittel nehmen, und in einem anderen Fall sollen Betroffene das Nachdenken besser dem »Magenmittel, das denken kann«[10] überlassen: Es stoppt Sodbrennen und Magendruck, ohne die Magenfunktion zu bremsen. Wer will, mag sich getrost der Völlerei ergeben, »Magenbeschwerden an Sonn- und Feiertagen mit gutem, oft zu gutem Essen...« würden »sofort« verschwinden[11] mit dem richtigen Mittel. »Die Zukunft hat schon begonnen«, jubelt ein anderer Hersteller und illustriert diese Behauptung mit einem Jagdbomber[12]. Ein anderes Mittel wirbt mit nackter Haut um Sympathie[13].
Magen-Darm-Mittel stehen – nach den Herz-Kreislaufmitteln – an der zweiten Stelle der Hitliste meistverschriebener Medikamente[14].

1.3. Moden für den Magen

Viele Hersteller bewerben Mittel, die sinnvoll gegen Magengeschwüre eingesetzt werden, auch für unklare Oberbauchschmerzen, Sodbrennen und Völlegefühl. Mit Hilfe solch aggressiver Werbung ist das Ulkus-Mittel *Tagamet* zum Welt-Bestseller geworden[15]. Eine Studie in England hat dieser Werbestrategie Erfolg bescheinigt: Sie weist nach, daß *Tagamet* oft gegen einfache Reizbeschwerden verschrieben wird[16]. Eine Kontrolluntersuchung in einer deutschen Klinik deckte auf, daß tatsächlich nur jeder fünfte Patient, der dieses Mittel erhält, an einem Geschwür leidet[17]. Auch die Konkurrenzpräparate werden immer mehr zur Mode für den Magen. So sind z. B. *Zantic* mit 93 % und *Sostril* mit 81 % Umsatzzuwachs in nur einem Jahr zu Marktrennern geworden[18]. In Großbritannien warnt die Organisation der Ärzte bereits davor, solche sogenannte H2-Blocker an Patienten über 50 Jahren zu verordnen. Unter Umständen könnten dadurch Symptome, die auf Magenkrebs hinweisen, verschleiert werden[19].
Das »Übertherapieren« mit hochwirksamen Medikamenten wie den H2-Blockern ist allerdings für Arzt und Patienten gleich verlockend. Ob ein behandlungswürdiges Geschwür vorhanden war oder nicht – nach drei bis vier Tagen sind die Beschwerden verschwunden. Diese Mittel wirken aber auf nervliche Reizempfänger (*H2-Rezeptoren*), die sich nicht nur im Magen befinden, sondern auch in vielen anderen Organen des Körpers. Sie können einschneidende Nebenwirkungen zur Folge haben.

Als Standardmedikamente gegen Magenübersäuerung und Geschwüre gelten deshalb noch immer die sogenannten Antazida. Allerdings werden sie oft ohne wirkliche Begründung eingesetzt. Als Grund nennt der Wiener Gastroenterologe Professor Harald Brunner: »Reklame, die Publikum und Ärzte glauben läßt, daß gegen die Magensäure ein ständiger Kampf geführt werden müsse und jedes Unwohlsein nach Abpufferung schreit.«[20] Die Deutsche Arzneimittelkommission hat die Antazida verglichen und herausgefunden, daß die meisten viel zu niedrig dosiert werden, um die erwünschte neutralisierende Wirkung bei ernsthaften Beschwerden zu erreichen. Von *Phosphalutab* z. B. sollte man laut Hersteller eine Dosis von 2 Tabletten einnehmen. Nach Berechnungen der Kommission wären aber 23 Tabletten notwendig, um eine therapeutische Wirksamkeit zu erzielen[21].

Verschreibungsverhalten der Ärzte

Offenbar nehmen Ärzte diese Ergebnisse nicht zum Anlaß, ihre Verschreibungen zu überdenken. Die nach *Maaloxan* am häufigsten verschriebenen Antazida (*Gelusil Lac, Kompensan, Solugastril*) sind in bezug auf ihre Wirksamkeit als »weniger empfehlenswert« einzustufen[22]. Die von der Deutschen Arzneimittelkommission empfohlenen Mittel (*Andursil, Gastropulgit, Gelusil liquid, Maaloxan forte, Maalox 70, Talcid*) sind erst auf den unteren Rängen der Verordnungshitliste zu finden[23].

Mit den modernen hochwirksamen Medikamenten lassen sich zwar die schmerzhaften Symptome bei Reizmagen, Magen- und Zwölffingerdarmgeschwür rasch und erfolgreich behandeln – nicht aber die Krankheit selbst. Auch Operationen können nicht immer verhindern, daß Geschwüre wieder auftreten. Die eingehende, persönliche Zuwendung vom Arzt und im Krankenhaus – auch vom Pflegeteam – hat einen wesentlichen Anteil an der Gesundung. Magenerkrankungen und Oberbauchbeschwerden sind eine Herausforderung für das menschliche Einfühlungsvermögen und den medizinischen Spürsinn des behandelnden Arztes.

Es ist daher unverständlich, daß er für das in jedem Fall notwendige und zeitaufwendige Gespräch von den Vertragskassen nicht entsprechend entlohnt wird. Das erhöht für den Patienten die Gefahr der Überdiagnose, Übertherapie und des Rückfalls. Und es ist volkswirtschaftlich gesehen teuer. In den westlichen Industrienationen verschlingt allein die

Behandlung der Geschwürerkrankungen (Ulkus ventrikuli, Ulkus duodeni) ein Prozent der gesamten Ausgaben für das Gesundheitswesen. Dazu kommen noch indirekte Kosten für Krankenstände - allein für Geschwüre in der Bundesrepublik Deutschland durchschnittlich 26,8 Tage pro Jahr - und in seltenen Fällen - Tod[24].

2. **Rund um den Magen**

(Siehe Abbildung 1, Seite 21)

Die Speiseröhre

Die Speiseröhre dient dem Transport des vorgekauten Speisebreis vom Mund in den Magen. Die geschluckten Bissen werden durch eine Welle rhythmischer Bewegung der Muskelwand zum Magen befördert. Die Speiseröhre tritt knapp oberhalb des Magens durch das Zwerchfell, das sie wie ein Ringmuskel umschließt. Erreicht der Speisebrei diese Stelle, so öffnet sich der Ringmuskel (*Oesophagussphinkter*) und läßt die Nahrung in den Magen gleiten. Die Speiseröhre ist mit Schleimhaut bedeckt, die nicht gegen Säure geschützt ist.

Der Magen

Der Magen[1] ist sackförmig und jener Teil des Verdauungstrakts, der die Speiseröhre mit dem obersten Teil des Zwölffingerdarms verbindet. »Magenschmerzen« spürt man meist in der sogenannten Magengrube zwischen den beiden Rippenbögen.
Der Magen bereitet die Nahrung für die Verdauung und die Aufnahme der daraus nutzbaren Anteile vor. Er hat ein Fassungsvermögen von etwa einem Liter.
Man unterscheidet folgende Teile des Magens:
- Am *Magenmund (Cardia)* mündet die Speiseröhre.
- Daran schließt sich der *Magenkörper (Corpus)* an, der sich nach oben zur Magenkuppel *(Fundus)* ausbuchtet. Der Magenkörper ist gekrümmt.
- Das *Antrum* ist der Teil der Magenblase, der vor dem
- *Pförtnermuskel (Pylorus)* liegt. Dieser kann den Magen gegen den *Zwölffingerdarm* hin abschließen.

Die *Magenwand* besteht aus mehreren Schichten.
- Die kräftige, quergestreifte Muskulatur der Magenwand ist aus Ring-,

Längs- und Schrägfasern aufgebaut. Sie wird vom vegetativen, dem Willen nicht unterworfenen Nervensystem gesteuert.
- Die Innenseite des Magens wird von der *Schleimhaut (Mucosa)* überzogen.
- Die Außenseite ist durch das sogenannte innere Bauchfell vom Bauchraum getrennt.

Der Magen hat drei Funktionen zu erfüllen:
1. Er ist ein *Auffangbecken*, das die vorgekauten Speisen aufnimmt und schubweise – geregelt durch den *Pförtner* – an den Dünndarm abgibt. Mit kräftigen, rhythmischen Bewegungen durchmischt die Magenwand den Speisebrei. Die Knetbewegung wird von autonomen, vegetativen (dem Willen nicht unterworfenen) Nervengeflechten in der Magenwand gesteuert.
Die Nahrung bleibt – je nach ihrer Zusammensetzung – ein bis fünf Stunden im Magen. Kohlehydratreiche Speisen verweilen kürzer als eiweißhaltige, fettreiche am längsten.
2. Die Schleimhaut des Magens – besonders in der Gegend des *Antrums* – sondert *Magensaft* ab, welcher vor allem Pepsin und Salzsäure enthält. Die Salzsäure bereitet zusammen mit dem *Pepsin* die Eiweißverdauung vor und tötet die meisten in der Nahrung vorhandenen Bakterien ab. Die Säurekonzentration ist hoch[2]. Die Schleimhaut erzeugt pro Tag durchschnittlich etwa 2 Liter Magensaft[3]. Über den *Vagusnerv* gelingt es psychischen und Umweltfaktoren, auf die Magensaftproduktion Einfluß zu nehmen. So rinnt einem zum Beispiel beim Anblick oder beim Geruch appetitlicher Speisen – oder gar bei der bloßen Erinnerung daran – nicht nur »das Wasser im Mund zusammen«. Anblick und Vorstellung guten Essens löst auch die Bildung von Magensaft aus.
Die Erzeugung des Magensaftes wird durch *Hormone* reguliert, deren Ausschüttung ebenfalls durch das autonome Nervensystem bestimmt wird.
- In der Schleimhaut selbst ist das Gewebshormon *Histamin* für die Säureproduktion verantwortlich.
- Das Gewebshormon *Prostaglandin* fördert die Bildung von Magenschleim (*Mucus*). Dieser sorgt dafür, daß sich der Magen nicht »selbst verdaut«.
- Das im *Antrum* entstehende Hormon *Gastrin* beeinflußt nicht nur die Säureproduktion, sondern den gesamten Verdauungsablauf.

3. Für die Aufnahme von Eisen aus der Nahrung ist der Magen ein wichtiges Organ. Weiterhin erzeugt er einen Stoff (den *Intrinsicfaktor*), der die Aufnahme von Vitamin B12 ermöglicht. Dies ist für die Bildung und Reifung der roten Blutkörperchen notwendig.

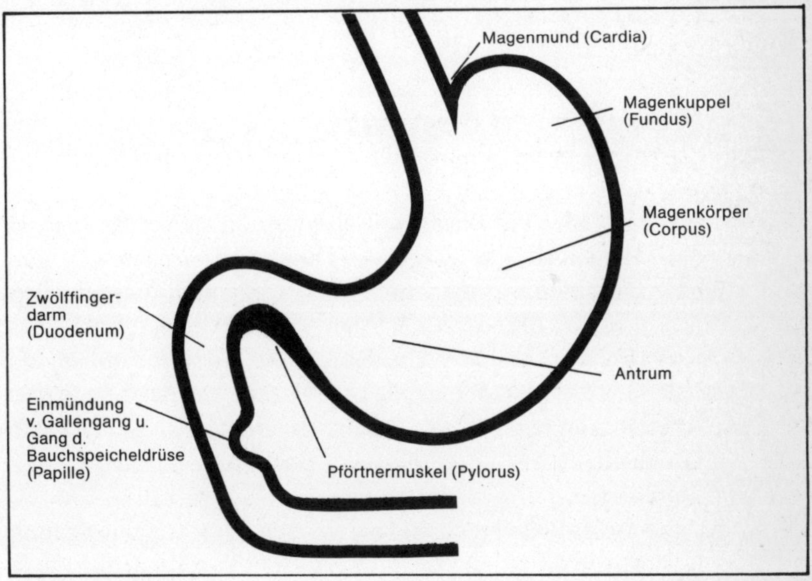

Abb. 1: Der Magen

Der Zwölffingerdarm

Er hat den Namen von seiner Länge – sie beträgt etwa zwölf Fingerbreiten. Er beginnt nach dem Pförtnermuskel und liegt in einer Schleife um die Bauchspeicheldrüse. Etwa in seiner Mitte münden der Gallengang und der Gang der Bauspeicheldrüse, die beide alkalische (basische) Verdauungssäfte in ihn abgeben. Sie binden die Salzsäure aus dem Magensaft, die mit dem Speisebrei in den Zwölffingerdarm gelangt ist.

Der Zwölffingerdarm ist die Schaltstelle der Verdauung. Hier wird auch das Zusammenspiel organisiert, das die Motorik von Magen und Darm steuert. Auch die Bildung von Magen- und Gallensaft und des Sekrets aus der Bauchspeicheldrüse regelt dieses System. Und hier wird die Nahrung aufgespalten, damit sie durch die Darmwand aufgenommen werden kann.

3. Das Gespräch mit dem Arzt

Bei 40–60 Prozent aller Personen mit Beschwerden im Verdauungsbereich, die den Arzt aufsuchen, findet dieser keine organischen Veränderungen. Diese Patienten werden »nur« von sogenannten funktionellen Beschwerden gequält. Männer und Frauen aller Altersgruppen sind gleich häufig betroffen[1], und schon bei Kindern treten solche quälenden Störungen häufig auf[2]. Sie können alle organischen Erkrankungen dieses Bereichs »nachahmen« und auch ebenso schmerzhaft sein. Deshalb ist das Gespräch mit dem Arzt von zentraler Bedeutung für die anschließende Behandlung.

Je genauer man die Beschwerden und Schmerzen dem Arzt mit eigenen Worten schildern und die damit verbundenen Gefühle mitteilen kann, je besser man den Beschwerdeverlauf im tageszeitlichen Rhythmus einordnen kann, desto leichter gelingt es dem Arzt, die Ursachen der verschiedenen Beschwerden herauszufinden. Es ist wichtig,

- daß man Nahrungs- und Genußmittelgewohnheiten genau benennen kann;
- ob die Beschwerden vom Arbeitsrhythmus oder bestimmten Arbeitssituationen abhängen;
- ob sie an bestimmte familiäre Situationen und Abläufe gebunden sind;
- ob auch andere Familienmitglieder darunter leiden;
- ob in den Zeiten zwischen Krankheitsschüben überhaupt Beschwerden auftreten, und wenn, dann welche;
- ob die Beschwerden in zeitlichem Zusammenhang mit der Nahrungsaufnahme stehen;
- ob Schmerzen vor allem bei leerem Magen oder nachts auftreten; ob sie durch Essen gebremst werden können.

Es ist aber ebenso wichtig, daß der Arzt ernsthaftes Interesse am Leiden zeigt und Anteilnahme ausdrückt. Hat man den Eindruck, daß er nicht zu mehr Aktivität bereit ist, als einige Untersuchungen zu veranlassen, kann es sinnvoll sein, einen anderen Arzt aufzusuchen, der ein persönliches Vertrauensverhältnis herstellen kann. Man sollte dann bei diesem Arzt in Behandlung bleiben[3].

Trotzdem kann oft allein aufgrund der erhobenen Krankengeschichte keine eindeutige Diagnose gestellt und eine entsprechende Behandlung eingeleitet werden. Manchmal sind für eine endgültige Diagnose gezielte Untersuchungen über mögliche körperliche Veränderungen nötig[4].

Weil aber nicht selten die Zeit in der Sprechstunde fehlt, wird oft »überdiagnostiziert«: Magenkranke mit diffusen Beschwerden werden zum Röntgen überwiesen und erhalten eine Diagnose (wie z. B. »Sanduhrmagen«, »Hakenmagen«, »zu langer Magen« u. a. m.), obwohl ihr Magen nur eine Variante der normalen Anatomie und keine krankhafte Veränderung zeigt. Manche Magenkranke machen eine wahre Odyssee durch Spezialabteilungen in Krankenhäusern mit immer neuen Tests durch.

In manchen Kliniken, denen eine Abteilung für Psychosomatische Medizin angeschlossen ist, wird Magenkranken heute allerdings in jedem Fall geraten, die Sprechstunde eines Arztes dieser Abteilung aufzusuchen.

Das Gespräch mit einem psychosomatisch orientierten Arzt kann den Teufelskreis Beschwerde – Diagnose – Therapieerwartung – Rückfall usw., in vielen Fällen durchbrechen. Er versucht, bereits aus der Art, wie die Beschwerden geschildert werden und wie der Kranke sich in Sprache und Körpersprache darstellt, gewisse Ursachen des Krankheitsgeschehens herauszuarbeiten. Je geduldiger und ausführlicher dieses Gespräch geführt wird, um so gezielter können weitere Untersuchungen aus- bzw. angeschlossen werden. Das macht die Behandlung in vielen Fällen einfacher, billiger und weniger beschwerlich. Und es erhöht die Chance, daß die Erkrankung nicht wieder auftritt.

4. Der »Nervöse« Magen – Funktionelle Oberbauchbeschwerden

4.1. Wie es weh tut

Der »brennende Schmerz, als ob sich quer durch den Körper von vorne nach hinten ein Loch fressen würde«, trat bei Alice W. zum ersten Mal nach einem »Gelage mit Freunden« auf.
Es war in der Zeit vor einer Entscheidungsprüfung und nachdem eine Liebesbeziehung zerbrochen war.
Nach einem Jahr ohne Beschwerden kam der nächste Anfall. Inzwischen hatte Alice eine neue Arbeitsstelle angetreten, an der sie sich wohl fühlte, aber unter hohen Anforderungen und großem Zeitdruck, bei viel Kaffee und Zigaretten, komplizierte Organisationsarbeit leisten mußte. Wieder kam erst »ein starkes Druck-, dann Völlegefühl, und darauf setzte leichtes Brennen ein«. Gelang es ihr, bei diesen Anzeichen sofort die Arbeit zu verlassen, zu erbrechen, sich zu entspannen, zurückzuziehen und zu schlafen, gingen die Beschwerden nach einigen Stunden vorüber. Nahm sie diese Zeichen aber nicht ernst, dann steigerte sich der Schmerz bis zum heftigen Erbrechen. Dann half nur noch, ganz ruhig und flach zu liegen und sich abzulenken – mit einer Wärmeflasche auf dem Magen.
Attacken dieser Art kamen von nun an in Schüben von drei bis vier Monaten immer wieder. Mit sofortigem Absetzen von Zigaretten und Kaffee und mit Rückzug konnte Alice die Schmerzen – ohne Medikamente – »selbst unter Kontrolle halten«.
Kurz nachdem Alice mit einem neuen Partner zusammengezogen war, eine neue, anspruchsvolle Arbeit in einem neuen Team begonnen hatte und nachdem sie versuchte, ohne ihren »Blitzableiter Zigarette« auszukommen, ereilte sie die schwerste Attacke.

Diesmal war der Schmerz mit dem Rückzug allein nicht mehr einzudämmen. Der Arzt bekämpfte ihn mit krampflösenden Mitteln. Obwohl keine weitere Untersuchung gemacht wurde, gab der Arzt zur Linderung sogenannte Säurehemmer. Alice W. berichtet, sie habe es genossen, daß ihre Freunde sie am Krankenbett umhegten und »bemutterten«.
Das Kontrollröntgen ergab, daß die Magenschleimhaut angegriffen war, weshalb sie eine zeitlang weiter säurebindende Medikamente einnehmen mußte.
Im Gespräch erwähnt Alice, daß sie im Schmerz eine Abwehrreaktion sehe gegen die Erwartung der anderen. So, wie sie sich früher gegen die moralischen Forderungen ihrer Mutter, »sich anständig« zu verhalten, immer mit Protest und dem genau gegenteiligen Verhalten – bei viel schlechtem Gewissen – gewehrt habe.[1]

Diese Krankengeschichte ist vom Verlauf typisch für das Leiden vieler Betroffener. Ungewöhnlich an ihr ist, daß die Kranke sehr lange versucht hat, ohne Medikamente auszukommen und sich selbst zu helfen und daß sie erst sehr spät ärztliche Hilfe in Anspruch genommen hat. Typisch ist leider, daß der Arzt, ohne sich durch Untersuchungen zu vergewissern, ob ein Magengeschwür vorliegt, stark wirksame Medikamente verschrieben hat.

Einer von zehn Patienten, die den Allgemeinen Praktiker aufsuchen, und etwa die Hälfte der Kranken, die einen Spezialisten zu Rate ziehen, kommen zum Arzt wegen »Oberbauchbeschwerden«[2], wie z. B.
- ständige oder periodische, brennende oder krampfartige Oberbauchschmerzen
- Übelkeit, gelegentliches Erbrechen
- Sodbrennen, Aufstoßen
- Krampf- und Druckgefühl beim Mageneingang
- Blähungen
- Appetitlosigkeit
- frühzeitiges Sättigungs- oder Völlegefühl
- Mundtrockenheit, Mundgeruch, Zungenbrennen
- Schluckbeschwerden

Manchmal werden die Beschwerden durch Essen unmittelbar verstärkt, deshalb vermuten Betroffene oft, die Nahrung löse sie aus. Sie treten aber meist nicht zu bestimmten Zeiten auf, schwächen sich allerdings oft gegen Abend hin ab, sind in der Nacht selten.

Je nach herrschender Modeströmung hat die Medizin für diese Beschwerden unbestimmten Charakters verschiedene Namen gefunden, wie

- Gastritis
- nervöser Magen
- Dyspepsie
- vegetative Dystonie.

Diese Beschwerden können völlig ohne körperliche Veränderungen auftreten.

Im Gegensatz zu organischen Erkrankungen sind sie oft von »Randsymptomen« begleitet, von Allgemeinbeschwerden, die nicht im unmittelbaren Zusammenhang damit stehen[3].

Dazu gehören häufig:

- depressive Stimmungslage
- das subjektive Gefühl, überfordert zu sein
- Angstzustände
- Schlaflosigkeit
- innere Unruhe
- Konzentrationsschwäche
- Erschöpfbarkeit
- das Gefühl, einen Klumpen im Hals zu haben *(Globus)*
- Prickeln, Kribbeln, Taubsein im Mund, an der Zunge und den Gliedmaßen
- Atemhemmung
- Herzbeschwerden
- Gliederzittern

4.2. Ursachen und Verbreitung

»Kaum ein Krankheitsbild in der Inneren Medizin ist so umstritten, mißverstanden und fehlgedeutet worden wie dieses«, stellt Dr. P. Krentz in einem Standardlehrbuch für Innere Medizin für die »Gastritis« fest[4]. Sehr oft wird diese Diagnose gestellt, wenn es sich um funktionelle Störungen handelt. Andererseits gibt es nur wenige gleichermaßen weit verbreitete und ökonomisch wichtige Krankheitsbilder, bei denen Geduld und menschliches Interesse des Arztes derart viel bedeuten[5]. Ob-

wohl sehr häufig[6], ist über die Verbreitung dieser Beschwerden in bestimmten sozialen Schichten oder bestimmten Berufen überraschend wenig bekannt[7]. Eine Stichprobe auf Befindlichkeitsstörungen in einem Oberösterreichischen Produktionsbetrieb bestätigte allerdings, wieviele Menschen darunter leiden. Jeweils 15,6% der Belegschaft gaben an, öfter an Übelkeit, beziehungsweise an Appetitlosigkeit zu leiden, 26,2% hatten gelegentlich bis immer Verdauungsstörungen[8].
Bei Metallerzeuger(inne)n, Chemiewerker(inne)n und in Verkehrsberufen treten funktionelle Magenstörungen besonders häufig auf[9]. Neben Schichtarbeit[10] wird Schwerstarbeit, Fließbandarbeit, Hetze und unregelmäßige Nahrungszufuhr für diese Magenleiden verantwortlich gemacht[11].

Funktionelle Oberbauchbeschwerden sind in allen Altersgruppen zu finden, besonders im dritten Lebensjahrzehnt, mit zunehmendem Alter etwas zurückgehend[12] – »wahrscheinlich, weil das zunehmende Auftreten organischer Erkrankungen die funktionellen Beschwerden überflüssig macht« schreibt der bekannte Psychosomatiker Thure von Uexküll[13].
Oft beginnen die Beschwerden in bedeutsamen Lebensabschnitten wie Pubertät, Heirat, wenn Kinder kommen, in der sogenannten »Midlifecrisis«, der Krise in der Lebensmitte, im Wechsel oder Alter. Oft aber stehen sie auch im Zusammenhang mit beruflichem Auf- oder Abstieg, mit Berufswechsel u. a. m. Oder sie treten auf, nachdem eine bedeutende soziale Gemeinschaft oder Gruppe – wie die Familie, die Arbeitskollegen, der Ehepartner, die Heimat – verlassen worden oder verloren gegangen sind.
So treten Magenleiden bei Gastarbeitern besonders häufig auf[13]. Sie haben zusätzlich zu den schweren Arbeitsbedingungen unter der Trennung von der Heimat und oft der gewohnten sozialen Gruppe – Familie, Großfamilie, Dorfgemeinschaft – zu leiden.

Etwa ein Drittel aller Betroffenen leidet immer stärker an diesen Beschwerden, und im Laufe von 20 Jahren entwickelt sich wahrscheinlich ein peptisches Geschwür (siehe Kapitel 7., Seite 38)[14].
Aus der Störung der Funktion wird eine organische Krankheit.
Die Krebsfurcht, die funktionelle Oberbauchbeschwerden oft begleitet, ist unberechtigt: Magenkrebs ist bei Betroffenen nicht häufiger zu finden als in der Durchschnittsbevölkerung[15].

4.3. Untersuchungen

Die funktionelle Störung »imitiert« Beschwerden fast aller organischen Leiden im Oberbauch. Deshalb muß sich der Arzt zuerst ein umfassendes Bild über den körperlichen Zustand des Patienten machen. Ein eingehendes Gespräch mit dem Arzt kann die Anzahl der notwendigen Untersuchungen wesentlich einschränken. Man sollte vom Arzt verlangen, daß er sich dafür Zeit nimmt und sich selbst um Gesprächsbereitschaft bemüht.
Anschließend sollten, falls nicht aktuelle Untersuchungen vorliegen, mögliche organische Schäden ausgeschlossen werden.

Betroffene erleben sehr oft ein fatales »Überweisungsritual«: Der Hausarzt überweist zum Spezialisten. Weil keine körperlichen Ursachen erkennbar sind, wird man wieder zurückgeschickt, daraufhin an eine Spezialabteilung eines Krankenhauses vermittelt, durchuntersucht und wieder ohne konkrete Behandlungsratschläge rücküberwiesen. Dadurch entsteht oft die Angst, man werde als Simulant abgestempelt oder man habe eine rätselhafte, gefährliche Krankheit. Dies verstärkt die Beschwerden oft – sie werden chronisch[16].

Betroffene und Behandler sollten in jenen Fällen, wo Untersuchungen körperliche Gründe ausschließen, psychische Ursachen als Auslöser in Betracht ziehen und Maßnahmen und Behandlung darauf stützen. Sinnlos ist es, gleichartige Untersuchungen öfter zu wiederholen.

4.4. Was man selbst tun kann

Wer sich selbst beobachtet, kann unter Umständen auch rechtzeitig »eingreifen«, bevor es zum vollen Ausbruch der Beschwerden kommt (siehe Kapitel 4.1., S. 24). Auf jeden Fall ist es wichtig, sich etwas zu gönnen: »sich selbst zuliebe«. – Sobald die ersten Krankheitsanzeichen und Schmerzen auftreten, sollten alle magenschädigenden Medikamente (siehe Kapitel 15., Seite 132) abgesetzt werden. Wenn man solche Medikamente einnehmen muß, sollte man mit dem Arzt darüber sprechen.

- Nikotin fördert die Beschwerden. Man sollte möglichst nicht rauchen. Das Genußmittel Alkohol in größeren Mengen kann die Magenschleimhaut reizen[17].
- Schwerverdauliche Speisen, eisgekühlte und sehr heiße Speisen und Getränke sollten vermieden werden.
- Spezielle Diäten sind nicht nötig.[18] Aber es ist sinnvoll, jene Nahrungsmittel zu meiden, die man erfahrungsgemäß nicht gut verträgt[19]. Günstig wirkt sich ballastreiche Kost aus wie z. B. Vollkornbrot und -gerichte, Obst und Gemüse, weil sie den Magen nicht so rasch verlassen. Mahlzeiten am späten Abend fördern die Beschwerden.
- Es ist vorteilhaft, sich in entspannter Situation auszuruhen.
- Alte Hausmittel wie die Wärmeflasche oder warmfeuchte Wickel können Linderung bringen. Auch ein kühler Wickel kann eine beruhigende Wirkung erzielen (siehe Kapitel 9., Seite 53).
- Wer auf Naturheilmittel »schwört«, kann versuchen, ob sich seine Beschwerden durch gewisse Tees bessern (siehe Kapitel 9.6., Seite 61).

Entspannung

Erfahrungsgemäß haben Menschen, die an Oberbauchbeschwerden leiden, häufig Schwierigkeiten, sich zu entspannen. Können das Gespräch mit dem Arzt, die medikamentöse Behandlung (siehe Seite 83f.) und Selbsthilfemaßnahmen den Kreislauf der Beschwerden nicht durchbrechen, so kann es sinnvoll sein, ein entspannendes Übungsverfahren zu erlernen (siehe Kapitel 11., Seite 71).
Man sollte überlegen, welche Streßfaktoren man im Ablauf des Alltags, im Umgang mit anderen Menschen und auf dem Arbeitsplatz selbst vermeiden oder ausschalten kann. Schichtarbeiter sollten sich – wenn es möglich ist – um eine Umstellung auf regelmäßige Arbeitszeit bemühen. Auch sitzende Tätigkeiten sollten eingeschränkt werden.

4.5. Behandlung

In vielen Fällen können funktionelle Beschwerden – auch vorbeugend – mit Akupunktur erfolgreich behandelt werden (siehe Kapitel 10.1., Seite 66). Auch Ärzte, die homöopathische Methoden anwenden, können oft dauerhaft helfen, da sie sich eingehend mit dem Betroffenen auseinandersetzen (siehe Kapitel 10.3., Seite 69).

Wenn organische Ursachen ausgeschlossen sind und schwere Beschwerden vorliegen, kann es kurzfristig sinnvoll sein, Medikamente einzusetzen:

- Bei Überwiegen von Übelkeit und bei Erbrechen kann die einmalige Einnahme der entsprechenden Mittel (siehe Kapitel 13.5., Seite 107) sinnvoll sein. Freiverkäufliche Mittel gegen Reisekrankheiten sollten allerdings nicht eingenommen werden.
- Starke Krämpfe können durch Injektion eines krampflösenden Mittels durch den Arzt oder in Form eines Zäpfchens gelindert werden. In Form von Tabletten sind sie nicht empfehlenswert.
- Oft werden bei funktionellen Beschwerden vom Arzt säurehemmende Mittel verschrieben. Neueste skandinavische Studien zeigen allerdings, daß die stark wirksamen H2-Blocker (z. B. *Tagamet, Zantac*, siehe Kapitel 13.2., Seite 91) keinerlei Effekt auf die Beschwerden haben[20], oder zumindest nicht besser wirken als die wesentlich billigeren Säurebinder (Antazida, siehe Kapitel 13.1., Seite 85). Sie haben weniger Nebenwirkungen und können ebenso Linderung bringen. Die Verschreibung von Enzympräparaten (siehe Kapitel 13.6., Seite 111) ist nicht gerechtfertigt, außer: die Unterfunktion der Bauchspeicheldrüse ist eindeutig nachgewiesen.
- Die häufig geübte Praxis, Beruhigungsmittel zu verschreiben, löst die Probleme Betroffener nicht. Damit werden lediglich Symptome bekämpft[21], und das Risiko von Nebenwirkungen ist hoch (siehe Kapitel 13.4., Seite 98).

Kommt es immer wieder zum Rückfall, steigt die Gefahr, daß die wiederholte Magenreizung zur organischen Schädigung der Schleimhaut bzw. zu Geschwüren und in der Folge eventuell zu Blutungen führt. Deshalb kann es sinnvoll sein, sich mit den tiefliegenden Ursachen der psychosomatischen Erkrankung auseinanderzusetzen. Dazu eignen sich verschiedene psychotherapeutische Verfahren (siehe Kapitel 12., Seite 77).

5. Speiseröhren-Erkrankungen (Refluxösophagitis)

5.1. Wie es weh tut

Personen, die an Reflux leiden, sind am meisten beeinträchtigt durch den brennenden, drückenden Schmerz hinter dem Brustbein, der vom Essen abhängig sein kann und durch gewisse Speisen ausgelöst werden kann. Häufig treten Sodbrennen und Schluckbeschwerden auf. Die Magensäure oder auch Speisen können bis in den Mund hochkommen[1]. Für Bettlägrige besteht die Gefahr, sich dabei zu verschlucken.

5.2. Ursachen und Verbreitung

Die Ursache von Zurückströmen der Magensäure (Reflux) in die Speiseröhre kann eine Funktionsstörung sein. Wenn der untere Speiseröhrenschließmuskel (*Cardia*) nicht funktioniert oder ein sogenannter Bruch des Zwerchfellspalts (*Hyatusernie*) besteht, kann Magensäure in die Speiseröhre gelangen. Da die Schleimhaut der Speiseröhre nicht gegen Magensäure und Pepsin geschützt ist, kommt es zur Schädigung. Diese Beschwerden treten mit zunehmendem Alter häufiger auf[2]. Allerdings haben 70–80 % der Zwerchfellbruchkranken überhaupt keine Beschwerden[3]. Die Feststellung eines Zwerchfellbruchs bedeutet deshalb nicht, daß eine Krankheit besteht.
Erhöhter Druck im Bauchraum, z. B. durch Übergewicht, aber auch durch Schwangerschaft, kann diese Beschwerden ebenfalls auslösen.

Reflux und Speiseröhrenentzündung treten oft auch nach einer Magenoperation, z. B. »Billroth II« (siehe Kapitel 14., Seite 125) auf[4]. Plötzlich auftretende Schluckbeschwerden müssen in jedem Fall genau untersucht werden.

Reizungen der Speiseröhre bis zu Schleimhautschäden und Blutungen können auch durch bestimmte Medikamente entstehen, wenn Tabletten oder Kapseln bei der Einnahme in der Speiseröhre steckenbleiben. Das gilt für sogenannte Beta-Blocker (z. B. Aprenolol in *Aptin*), Antibiotika (wie z. B. Tetracyclin in *Hostacyclin*, Doxycyclin in *Doxycyclin*, Clindamycin in *Dalacin*) oder Entzündungshemmer wie Acetylsalicylsäure (in *Aspirin*, *ASS-ratiopharm* etc.) und Indometacin (in *Amuno*). Man kann diese Gefahr vermeiden, wenn man Medikamente immer mit einem Glas Wasser und in sitzender Position einnimmt oder auf flüssige Formen der Arznei wechselt. Ein paar Bissen gut gekauter Banane, nach dem Medikament geschluckt, sind ein bewährtes »Gleitmittel«[5].

5.3. Untersuchungen

- Durch Endoskopie (siehe Kapitel 8.2., Seite 49) kann die Ursache der Beschwerden am schnellsten gefunden werden. Eventuelle Schleimhautschäden können entdeckt, anatomische Veränderungen oder Krebs am sichersten ausgeschlossen werden[6].
- Zwerchfellbruch ist eine häufig bei Röntgenuntersuchungen gestellte Diagnose. Das ist nicht gefährlich, und wenn keine Beschwerden auftreten, ist auch keine Behandlung notwendig.

5.4. Was man selbst tun kann

- Sehr wichtig ist es, bei bestehendem Übergewicht abzunehmen.
- Man sollte auch Situationen vermeiden, in denen erhöhter Druck im Bauchraum entsteht, wie z. B. durch zu enge Kleidung, ständiges Sitzen oder Vorbeugen.

- Nikotin verschlimmert meist den Reflux, weil es die Säureproduktion anregt. Das Rauchen sollte eingeschränkt oder ganz aufgegeben werden. Rauchen gilt – besonders in Verbindung mit übermäßigem Alkoholgenuß – als Risikofaktor für Speiseröhrenkrebs[7].
- Die Eßgewohnheiten sollten derart umgestellt werden, daß die kleinste Mahlzeit abends und nicht zu spät eingenommen wird. Essen in aufrechter Haltung ist günstig. Mehrmals rasch hintereinander zu schlucken, kann helfen.
- Bei nächtlichen Beschwerden kann das Kopfende des Bettes um etwa 20 cm hochgestellt bzw. durch ein Keilpolster erhöht werden.

5.5. Behandlung

Als wirksame, billige und weitgehend nebenwirkungsfreie Behandlung zur Linderung der Beschwerden gilt die mit säurebindenden Mitteln (Antazida, siehe Kapitel 13.1., Seite 85). Als wirksam haben sich auch H2-Blocker erwiesen (siehe Kapitel 13.2., Seite 91). Auch Präparate, die die Schutzfaktoren der Schleimhaut stärken (siehe Kapitel 13.3.1. Seite 96) können helfen.
Zur Steigerung der Speiseröhrenbewegung können Präparate, die Metoclopramid (z. B. *MCP-Ratiopharm*) oder Domperidon (*Motilium*) enthalten (siehe Kapitel 13.5., Seite 107), verwendet werden.
Da bei allen diesen Medikamenten Nebenwirkungen auftreten können, sollten sie nur unter sorgfältiger Überwachung durch den Arzt eingenommen werden.
Die medikamentöse Behandlung von Reflux-Speiseröhrenentzündung dauert meist länger und erfordert höhere Dosen als die Behandlung von anderen Geschwüren im Magenbereich[8].

Wenn die medizinische Behandlung mißlingt, kann der Zwerchfellbruch durch eine Operation behoben und damit dem Reflux vorgebeugt werden.

6. **Gastritis**

Eine Unzahl von Patienten, die an funktionellen Störungen des Magens leiden (siehe Kapitel 4., Seite 24) wie z. B. Völlegefühl, Übelkeit, Erbrechen, Aufstoßen, Reflux, Magenbrennen u. a. m., werden auch heute noch oft mit der Diagnose »Gastritis« etikettiert. In den meisten Fällen ist das längst nicht mehr haltbar und hat für Betroffene sehr oft falsches Verhalten und falsche Behandlung zur Folge [1].
Der Begriff Gastritis bedeutet eigentlich: entzündliche Veränderung der Magenschleimhaut. Diese kann ausschließlich durch Untersuchung des Gewebes unter dem Mikroskop festgestellt werden (siehe Kapitel 8.2., Seite 49). Es gibt allerdings Menschen mit schwersten Veränderungen der Magenschleimhaut, deren Befinden dadurch überhaupt nicht beeinträchtigt ist. Und andere, die heftige Beschwerden haben – bei völlig normaler Magenschleimhaut.
Eine ganz andere, sehr häufig auftretende und wohldefinierte Krankheit ist die akute Gastritis.

6.1. Akute Gastritis

6.1.1. Wie es weh tut

Typisch für die akute Gastritis ist ihr plötzlicher Beginn und ihr kurzer Verlauf. Der plötzliche, starke Magenschmerz ist begleitet von allgemeiner Unpäßlichkeit, Schwäche, Kopfweh, Druck- und Völlegefühl, Übelkeit bis zum Erbrechen, hochgradiger Appetitlosigkeit, eventuell erhöhter Temperatur, Mundgeruch und belegter Zunge, manchmal auch von Durchfall. Meist gehen diese Beschwerden innerhalb eines Tages von selbst wieder zurück.

6.1.2. Ursachen und Verbreitung

Die akute, banale Gastritis gehört zu den am weitesten verbreiteten Erkrankungen des Verdauungstrakts[2]. Die akute Gastritis kann ausgelöst sein durch[3]

- Alkoholmißbrauch
- schmerzstillende Medikamente und Rheumamittel (siehe Kapitel 15., Seite 132)
- überdosierte Herzmittel, die den Wirkstoff Digitalis (z. B. in *Digimerck*) enthalten
- Kortikosteroide
- Mittel gegen Krebs (Zytostatika)
- und einige Antibiotika (z. B. *Aureomycin*)
- Säure- und Laugeverätzung (häufig bei Kindern, meist treten zugleich Schluckbeschwerden und Beläge in der Mundhöhle auf)
- Röntgenstrahlen (zur Behandlung gegen Tumore)
- bakterielle Reizstoffe, z. B. bei Lebensmittelvergiftung (Staphylokokken)
- Virus-Infektionen

6.1.3. Untersuchung und Behandlung

In den meisten Fällen ist der Auslöser bekannt. Dann kann auf Untersuchungen verzichtet werden. Nur bei Blutungen (schwarzer Stuhl, blutiges Erbrechen) ist eine Endoskopie (siehe Kapitel 8.2., Seite 49) sinnvoll[4].

Bei der banalen Gastritis ist auch keine Behandlung notwendig. Nach ein bis zwei Tagen Bettruhe und Fasten klingt sie von selbst ab. Tees – z. B. schwarzer Tee, Pfefferminztee, Kamillentee – werden als angenehm empfunden. Gegen anhaltenden Brechreiz ist die Einnahme von Metoclopramid (z. B. enthalten in *Gastronerton, MCP-Ratiopharm, Paspertin*) (siehe Kapitel 13.5., Seite 107) vertretbar.

Bei endoskopisch nachgewiesenen Schleimhautschäden können Säurebinder (siehe Kapitel 13.2., Seite 91) rasch helfen.

6.2. Chronische Gastritis

6.2.1. Wie es weh tut

Die chronische Gastritis löst keinerlei charakteristische Schmerzen aus. Bei mehr als der Hälfte von gesunden, beschwerdefreien Personen, die gezielt daraufhin untersucht werden, kann eine fortschreitende chronische Gastritis durch eine Gewebsuntersuchung (histologisch) festgestellt werden[5].
Manchmal klagen Betroffene über Dehnungsschmerz nach den Mahlzeiten, über Druck- und Völlegefühl.

6.2.2. Ursachen und Verbreitung

Eine akute Gastritis geht nicht in die chronische Form über. Auch mechanische Reizung, etwa durch Knochen oder andere verschluckte, scharfkantige Gegenstände, durch heiße Getränke, chemische Reizung, etwa durch Alkohol, Nikotin oder Medikamente, zählen nicht zu ihren Ursachen[6].
Man nimmt heute an, daß die chronische Gastritis eine Alterserscheinung ist und daß biologische und soziale Faktoren zu ihrer Entwicklung beitragen[7]. Sie ist nicht rückgängig zu machen, kann also nicht geheilt werden und führt von anfangs oberflächlichem Schleimhautschaden mit der Zeit zur gänzlichen Rückbildung der Magenschleimhaut. Bei den nach der Methode Billroth II Magenoperierten (siehe Kap. 14., Seite 125) findet sich meist innerhalb von wenigen Jahren nach der Operation eine chronische Gastritis. Sie schmerzt nicht und muß nicht behandelt werden.
Die fortgeschrittenste Form der Gastritis, die *atrophe Gastritis*, ist selten. Sie kann zur Veränderung des Blutbildes und zu Eisenmangel führen (*perniciöse Anämie*) und bringt ein erhöhtes Krebsrisiko mit sich. Regelmäßige endoskopische Kontrollen sind in diesem Fall sinnvoll.

6.2.3. Behandlung

Chronische Gastritis kann durch Behandlung nicht beeinflußt werden[8]. Nur die eventuell auftretenden Beschwerden können gelindert werden. Vermeidung von Alkohol, magenunverträglichen Medikamenten (siehe

Kapitel 15., Seite 132), extrem kalten oder heißen Getränken und scharfen Gewürzen kann sinnvoll sein.
Obwohl die sich rückbildende Magenschleimhaut immer weniger Magensäure erzeugt, können Begleitbeschwerden wie verzögerte Magenentleerung paradoxerweise mit säurebindenden Medikamenten (siehe Seite 85) erfolgreich behandelt werden. Mittel mit Pankreasfermenten und Mittel für sogenannte Rollkuren werden heute als unwirksam, und deshalb als teure Scheinmittel eingestuft. Sie sind *abzulehnen*[9].
Der Versuch, die verringerte Säureproduktion mit Medikamenten auszugleichen, ist sinnlos, da es nicht gelingen kann, entsprechende Säuremengen in den Magen zu bringen.
»Sämtliche handelsüblichen Säureersatzpräparate sind als Placebos einzustufen und greifen allenfalls den Zahnschmelz an, eine Verdauungsleistung ist ihnen jedoch abzusprechen«, heißt es in einem anerkannten deutschen Fachbuch[10].

7. **Das (peptische) Geschwür (Ulkus)**

Unter einem peptischen Geschwür, dem »Ulkus«, versteht man einen gutartigen Defekt der Schleimhaut des Magens oder des Zwölffingerdarms, der kraterförmig in die Magen- bzw. Darmwand vordringen kann.

7.1. Entstehung und Verbreitung

Noch immer gilt die Formel »ohne Säure kein Geschwür«, also die Vorstellung, daß der Magen mit seiner Säure »sich selbst verdaut«. Aber auch diese »Regel« wird durch Ausnahmen bestätigt.
Fest steht, daß eine Reihe von Faktoren zusammenspielen müssen, damit ein sogenanntes Ulkus entsteht.
Sicher ist, daß es eine ererbte Anlage und Bereitschaft zur Entwicklung eines Magen- oder Zwölffingerdarmgeschwürs gibt. Und daß bei seiner Entstehung ursächliche Beziehungen zwischen der Zusammensetzung des Schleims, der Ausschüttung von Magensäure, Pepsin, Gastrin und der Magenbewegung (Motilität und Motorik) eine Rolle spielen. Auch die Steuerung dieser Vorgänge durch das zentrale Nervensystem ist daran beteiligt.
Erst das Wechselspiel von aggressiven und schützenden Faktoren im Magen selbst, und Störungen in der Umwelt, der Arbeitswelt, im Lebenszusammenhang und in den Gewohnheiten entscheiden, ob und wie oft es zum Ausbruch der Erkrankung kommt[1].

Psychische Faktoren haben einen wesentlichen Einfluß auf die Funktion

des Magens (siehe Kapitel 2., Seite 19). Bei geringer Anspannung produziert er nur wenig Säure, bei Hunger, im Erwartungszustand, bei emotionaler Spannung wie Ärger, Zorn, steigt die Produktion, in akuter Angst, aber auch bei Resignation und Niedergeschlagenheit ist die Säureproduktion ganz eingestellt[2].
Im Streß wird die Schleimhautdurchblutung gedrosselt, auch das beeinflußt Entstehung und Verlauf von Geschwürskrankheiten[3]. Eine spezifische »Ulkus-Persönlichkeit« aber gibt es nicht[4].

Auch eine Reihe von Genußmitteln und Medikamenten können ein Geschwür fördern. Dazu gehören Nikotin, das bewiesenermaßen zumindest die Heilung eines Geschwürs stark verzögert[5]. Das gleiche gilt für Alkohol in größerer Menge. Schmerzmittel wie Acetylsalicylsäure (z. B. in *Aspirin, ASS-ratiopharm, Aspro* etc.) sind als Auslöser und Heilungshemmnis identifiziert worden. Auch alle in der Rheumatherapie eingesetzten Mittel können Geschwüre fördern und ihre Heilung verzögern. (Einige weitere Wirkstoffe siehe Kap. 15., Übersicht über Medikamente, die Blutungen und Geschwüre auslösen können, Seite 132).

Das säurebedingte (peptische) Geschwür ist meist eine chronische Erkrankung. Es kann spontan von selbst heilen. Aber es hat auch eine hohe Neigung zu Rückfällen. Bei manchen Betroffenen kann es mehrmals im Jahr wiederauftreten.

Zwei Personen von hundert bekommen irgendwann in ihrem Leben einmal ein Geschwür. Männer sind von dieser Krankheit doppelt so oft betroffen wie Frauen. Frauen, die neben der beruflichen Arbeit auch noch Hausarbeit leisten, erkranken zweieinhalbmal so häufig wie jene ohne häusliche Verpflichtungen.
In Mitteleuropa gilt das Magen- und Zwölffingerdarmgeschwür als klassische Erkrankung von Gastarbeitern[6] und ist unter ihnen im Ansteigen[7]. In bestimmten Berufen treten besonders häufig Geschwüre im Magen und Zwölffingerdarm auf. In den Verkehrsberufen wie Eisenbahner, Chauffeure etc. sind sie häufig Ursache von Berufsunfähigkeit; auch bei Arbeitern in Chemiebetrieben, Metallarbeitern und Maschinisten sind sie häufig. In diesen Berufen dürften berufsbedingte Giftstoffe zur Erkrankung führen[8]. Auch Schichtarbeit[9] und Fließbandarbeit, Schwerarbeit und Hetzerei, kombiniert mit unregelmäßiger Möglichkeit zum Essen, gelten als Verursacher von Geschwüren.[10]

Immer wieder treten Geschwüre vor allem bei jenen Personen auf, die dazu neigen, sich in schwierigen und belastenden Situationen abzukapseln[11].

Das Risiko, an einem Geschwür zu sterben, ist in den letzten Jahren zurückgegangen. Es ist höher bei Kranken, bei denen ein Geschwür nach dem 50. Lebensjahr zum erstenmal auftritt[12].

7.2. Rätselvoller Schmerz

Das angeblich »typische Beschwerdebild« hat nur ein Drittel der Geschwürspatienten, die unter »Ulkusschmerzen« leiden. Es scheint, daß aber nur die Hälfte aller Geschwürskranken überhaupt Beschwerden hat. Und eine ähnlich große Zahl hat zwar Beschwerden – aber kein Geschwür (siehe Kapitel 4., Seite 24).
Was die Schmerzen wirklich auslöst, ist noch ungeklärt. Wahrscheinlich werden sie durch Bewegungsstörungen des Magentrakts hervorgerufen. Das erklärt vielleicht, warum die Abheilung eines Geschwürs nicht immer die Schmerzen beseitigt und warum umgekehrt die Beschwerden verschwinden können, obwohl das Geschwür noch bestehen bleibt[13].

7.3. Das Magengeschwür (Ulkus ventriculi)

Magengeschwüre treten häufiger bei Trägern der Blutgruppe A auf. Das Risiko, daran zu erkranken, nimmt mit dem Alter zu. Oft bilden sie sich dann im Gefolge chronischer Gastritis, weil der Schleimhautschutz herabgesetzt ist.

Es gibt keine »typischen« Beschwerden des Magengeschwürs[14]. Betroffene beschreiben meist ein Druck- und Völlegefühl unmittelbar nach den Mahlzeiten (weshalb sie an den »verdorbenen« Magen glauben und daran, daß »etwas« am Essen nicht in Ordnung sei). Andere Beschwerden sind ähnlich wie die im Kapitel 4., (Seite 24) beschriebenen.

Nächtliche Schmerzen und die ständige Wiederkehr von Beschwerden sind hingegen selten.

Das Magengeschwür kann aber auch schmerzlos auftreten und wird dann vom Arzt unter Umständen zufällig bei einer Untersuchung entdeckt. In diesem Fall ist eine Behandlung mit Antazida (siehe Seite 85) und das Erlernen von Entspannungstechniken sinnvoll.

Die Heilungschancen des Magengeschwürs sind schlechter als die des Geschwürs im Zwölffingerdarm, die Wiederholungsgefahr ist hoch[15].

Tritt Ekel vor Fleisch auf, kann dies ein Hinweis auf eine bösartige Magenerkrankung sein. In diesem Fall sollte auf jeden Fall eine Untersuchung mit dem Endoskop (siehe Kapitel 8.2., Seite 49) durchgeführt werden.

7.4. Das Zwölffingerdarmgeschwür (Ulkus duodeni)

Das Zwölffingerdarmgeschwür ist bei Männern häufiger als bei Frauen, eher bei Trägern der Blutgruppe 0 zu finden und vorwiegend in jungen Jahren[16].
Wie beim Magengeschwür spürt nur jeder zweite, der an einem Zwölffingerdarmgeschwür leidet, die Schmerzen konzentriert im Magenbereich. Sie treten häufig als Nüchtern- bzw. nachts als Hungerschmerz auf. Sie werden von Betroffenen als krampfartig, bohrend, schneidend, stechend, brennend und ziehend beschrieben und oft zwischen Nabel und Mitte des rechten Rippenbogens gespürt. Die Schmerzen treten oft etwa zwei Stunden nach dem Essen auf. Übelkeit und Erbrechen sind häufig. Kleine Mahlzeiten können sie lindern.
Schübe dieser Geschwürskrankheit sind im Frühjahr und Herbst etwas häufiger als im übrigen Jahresablauf[17]. Ein Beschwerdeschub dauert in der Regel 3–5 Wochen[18].

7.5. Komplikationen beim Magen- und Zwölffingerdarmgeschwür[19]

Verengung des Magenausgangs (*Stenose*):
Jedes abheilende Geschwür hinterläßt eine Narbe, dadurch schrumpft die Magen- oder Darmwand. Durch die Narben mehrerer Geschwüre kann der Magenausgang so eng werden, daß der Durchfluß des Speisenbreis behindert wird. Der Magen kann sich dann nur verzögert entleeren. Der Appetit vergeht, starke Gewichtsabnahme ist die Folge. Bei extremer Einengung kann die natürliche Ernährung unmöglich werden. Eine Operation ist notwendig. Für jeden, der einmal an einem Geschwür erkrankt ist, kann es daher sinnvoll sein, Maßnahmen zu ergreifen, die die Wiederholungsgefahr verringern (siehe Kapitel 9., 10. und 11.)

Magenblutung:
Bei bisher nicht entdeckten oder nicht ausgeheilten Geschwüren kann die Wand der Blutgefäße im Boden oder am Rand eines Geschwürs aufgelöst werden – es kommt zu starker Blutung. Übelkeit und Bluterbrechen sind die Folge. Bei hohem Blutverlust tritt Schockzustand ein. Am Tag nach der Blutung ist der Stuhl nahezu schwarz und riecht sehr auffallend (Teerstuhl). Starke Blutungen können lebensgefährlich sein. Eine sofortige Einweisung in ein Krankenhaus ist lebensrettend. Meist ist eine Operation notwendig.

Magendurchbruch (*Perforation*):
Geschwüre können sich durch die Magenwand »durchfressen« und auch das Bauchfell auflösen. Dann ergießt sich der Mageninhalt in die Bauchhöhle. Magensaft, Speisereste und Bakterien reizen das Bauchfell, das sich heftig entzündet. Messerstichartige Bauchschmerzen, unter denen man sich krümmt, kündigen dies an. Der Puls fliegt, von Schweißausbrüchen begleitet. Nach etwa sechs Stunden tritt Schockzustand ein. Die Überlebensaussicht ist um so besser, je früher man ins Krankenhaus gelangt.

Streßgeschwür:
Ein besonderes Problem ist das sogenannte Streßulkus, ein Geschwür, das sich innerhalb von wenigen Stunden oder Tagen bilden kann[20]. Es

wird hauptsächlich durch Unfälle (vor allem Mehrfachverletzungen), wie großflächige Verbrennungen, Schädelverletzungen, schwere Organerkrankungen, und durch hirnchirurgische Eingriffe ausgelöst. Oft kommt es zur Magen-Darm-Blutung, manchmal zum Durchbruch. Schmerzen fehlen meist oder können vom Schwerverletzten nicht empfunden werden. Risikopatienten – Schwerstverletzte, schwer Operierte – werden deshalb vorbeugend behandelt.

7.6. Behandlung des peptischen Geschwürs

Das Wunschziel für Betroffene ist: möglichst schnell von den Schmerzen befreit zu sein. Wichtig ist aber nicht nur die Schmerzfreiheit, sondern auch die Abheilung. Das Risiko des Rückfalls wird dadurch vermindert[21]. Deshalb sollten Maßnahmen und Medikamente nicht abgesetzt werden, sobald Beschwerdefreiheit erreicht ist, sondern nach der ärztlichen Verordnung weiter angewendet werden.
In keinem Fall sind medikamentöse und operative Behandlungen risikofrei[22]. Es kann sinnvoll sein, zusätzlich Maßnahmen zu wählen (siehe Kapitel 11., Seite 71 und 12., Seite 77), die die Schmerzen lindern und vor allem einem Wiederaufflackern der Krankheit vorbeugen können.

7.6.1. Allgemeine Maßnahmen

- Aufhören mit dem Rauchen ist für die Heilung des Geschwürs mindestens ebenso wichtig wie der Einsatz von Medikamenten[23].
- Das unkomplizierte Geschwür kann durchaus ambulant behandelt werden. Nur bei älteren Personen, die eine weitere Erkrankung haben, kann der Krankenhausaufenthalt Vorteile bringen. Bettruhe und »Abschalten« sind aber in jedem Fall wichtig.
- Diät siehe Kapitel 9., Seite 53. Geschwürkranke sollten nicht hungern und können im Prinzip alles essen, was sie vertragen. Bei einem Zwölffingerdarmgeschwür sollte zwischen den drei Hauptmahlzeiten eine Kleinigkeit, aber spätabends nichts mehr gegessen werden.
- Tees (siehe Kapitel 9.6., Seite 61) können die Schmerzen lindern.

- Ein Glas Wein oder Bier zum Essen ist durchaus erlaubt, aber keine hochprozentigen Alkoholika und alkoholische Getränke auf nüchternen Magen.
- Medikamente, die Geschwüre fördern können (siehe auch Kapitel 15., Seite 133), sollten abgesetzt werden, wenn sie nicht für die Behandlung einer weiteren Krankheit unerläßlich sind.
- Es ist günstig, ein Tage-(und Nacht-)buch über die Beschwerden zu führen und eventuelle Nebenwirkungen der Medikamente einzutragen. Das erleichtert dem Arzt die Erfolgskontrolle und kann helfen, die Menge der einzunehmenden Medikamente zu reduzieren oder Hinweise zu einem notwendigen Wechsel zu geben.
- Zur Linderung akuter Schmerzen und zur begleitenden Heilbehandlung sind Packungen (siehe Kapitel 9.2., Seite 55) geeignet.

7.6.2. Medikamente[24] (siehe auch Kapitel 13., Seite 83)

Wenn man an einem Geschwür leidet, ist die gezielte Behandlung mit entsprechenden Medikamenten sinnvoll. Als Basisbehandlung gelten immer noch sogenannte Säurebinder (Antazida). Antazida bewirken rasch Schmerzfreiheit und heilen – konsequent eingenommen – in hohem Maß Geschwüre ab.
Säurebinder müssen über den Tag verteilt eingenommen werden. Sie dürfen nicht zum Essen, sondern sollten zwischen den Mahlzeiten eingenommen werden, um wirken zu können. Nur wenige von den weit über fünfzig auf dem Markt erhältlichen Antazida haben eine ausreichend hohe Fähigkeit, die Magensäure zu binden (siehe auch Kapitel 13.1., Seite 85[24a]).

Säurebinder werden heute allerdings immer häufiger durch Säurehemmer, sogenannte H2-Blocker, ersetzt (siehe Kapitel 13.2., Seite 91). Ihre Einnahme ist noch einfacher. Obwohl eine Einzeldosis vor dem Zubettgehen ausreichend wirkt, verschreiben viele Ärzte immer noch unbegründet mehrmalige Einnahmen pro Tag. H2-Blocker befreien rasch vom Schmerz und führen in etwa 90 Prozent zur Heilung. Die Behandlung mit diesen Mitteln ist allerdings relativ teuer.
Als »Mittel der zweiten Wahl« gilt Pirenzepin (siehe Kapitel 13.3., Seite 96), das die Säureproduktion auf einem anderen Wirkungsweg hemmt. Seine Nebenwirkungen sind unangenehm, aber nicht gefährlich.

Als alternative Behandlungsform und in schweren Fällen kombiniert mit H2-Blockern und Pirenzepin wird Sucralfat eingesetzt. Dieses Mittel wirkt schützend auf die Schleimhaut (siehe Kapitel 13.3.1., Seite 96). Bei Behandlung von Streßblutungen haben sich Pirenzepin und Sucralfat (siehe Kapitel 13.2.2., 13.3.1., Seite 95f.) als weniger bedenklich erwiesen als die Säurehemmer.
Die Verwendung des Schleimhautschutzmittels Carbenoxolon ist – vor allem bei älteren Personen – überholt.

In schweren Fällen ist manchmal die Kombination der oben genannten Medikamentengruppen notwendig. Immer kann man bei Schmerzen Antazida zusätzlich einnehmen. Sie sollten allerdings nie gleichzeitig mit H2-Blockern, sondern im Abstand von mindestens einer Stunde eingenommen werden.

Kontrolle

Beim Zwölffingerdarmgeschwür:

Es ist sinnvoll, nach vier Wochen mittels Endoskopie eine Abheilungskontrolle durchzuführen. Trotz Schmerzfreiheit kann das Geschwür noch bestehen und sollte dann weitere vier Wochen mit Medikamenten behandelt werden[25].

Beim Magengeschwür:

Da Magengeschwüre langsamer abheilen, ist die endoskopische Kontrolle erst nach sechs Wochen sinnvoll. Sie ist aber unbedingt notwendig. Weitere Kontrollen sollten trotz Ausheilung in Abständen von 3–5 Jahren vorgenommen werden.

Vorbeugung gegen Rückfälle

Beim Zwölffingerdarmgeschwür:

- Eine Änderung der Lebensumstände, die zum Wiederaufflackern von Geschwüren führen, sollte angestrebt werden.
- Wenn wieder Schmerzen auftreten, sollten Antazida nach Bedarf eingenommen werden. Es empfiehlt sich, das entsprechende, bereits erfolgreich eingesetzte Präparat in Reserve zu haben.
- Eine Dauereinnahme von H2-Blockern ist als Routinemaßnahme wegen der Nebenwirkungen nicht vertretbar[26]. Ihr Einsatz ist nur gerechtfertigt:
- nach Komplikationen

- bei Bestehen einer weiteren Erkrankung
- wenn andere Medikamente eingenommen werden müssen, die als Nebenwirkung Geschwüre fördern können (siehe Kapitel 15.1., Seite 133).

Es kann sinnvoll sein, zur Unterstützung der medikamentösen Behandlung Entspannungstechniken zu erlernen und/oder eine psychotherapeutische Behandlung zu beginnen (siehe Kapitel 11. und 12., Seite 71, 77). Versagt die medikamentöse Behandlung und ist der Leidensdruck zu groß, sollte eine Operation in Betracht gezogen werden.

Beim Magengeschwür:
Hier gelten die gleichen Maßnahmen, aber es gibt es noch mehr Bedenken gegen vorbeugenden Einsatz von Medikamenten als beim Zwölffingerdarmgeschwür, da ihre Wirkung zweifelhaft und die Häufigkeit von Rückfällen umstritten ist[27].

Medikamente gegen Geschwüre in der Schwangerschaft

Eine Frau muß nicht auf eine Schwangerschaft verzichten, wenn sie an einem immer wiederkehrenden Geschwür leidet. Während der ersten 30 Schwangerschaftswochen nimmt die Ausschüttung der Magensäure ab, in den letzten Wochen und in der Stillzeit steigt sie wieder an.
Bei bestehender Schwangerschaft sollten alle Möglichkeiten nicht-medikamentöser Behandlung ausgeschöpft werden. Antazida gelten als relativ unbedenklich. Pirenzepin (*Gastrozepin*) sollte im ersten Drittel der Schwangerschaft nicht eingenommen werden. Wegen nicht auszuschließender Risiken sollte es später nur in begründeten Fällen eingenommen werden[28]. Das gilt auch für alle anderen Ulkus-Mittel. (Siehe auch Kapitel 13.7., Seite 122)

7.6.3. Operationen

Operiert werden sollte,
- wenn man unter einem sehr großen Geschwür leidet
- wenn nach 6–8 Wochen das Geschwür nicht um die Hälfte kleiner geworden ist
- wenn nach drei Monaten keine vollständige Heilung erreicht wurde (Krebsverdacht)
- bei Komplikationen (Blutungen, Durchbruch)

- wenn die Ulkuskrankheit gesichert schon über 5 Jahre dauert
- wenn der Leidensdruck für die betroffenen Personen sehr groß ist
- bei Zollinger-Ellison-Syndrom (ZES). Diese hormonell bedingte Ulkuskrankheit ist sehr selten und wird hier nur vollständigkeitshalber erwähnt.

  Wahl der Methode: siehe Kapitel 14., Seite 125.

8. **Untersuchungsmethoden**

8.1. Das Röntgen[1]

Bei Oberbauchbeschwerden ist oft die ganze Region von Speiseröhre, Magen und Zwölffingerdarm beteiligt. Deshalb werden sie stets in einem Arbeitsgang geröntgt.
Dazu muß der Kranke einen Barium-Sulfatbrei trinken, der strahlendurchlässig ist. Der Röntgenarzt verfolgt bei der Durchleuchtung am Monitor, wie schnell und in welcher Art das Kontrastmittel die verschiedenen Abschnitte dieser Organe durchläuft. Dazu ist es notwendig, daß der Magenkranke mit dem Röntgentisch nacheinander in verschiedene Positionen gedreht und gekippt wird und daß mit einem Löffel auf seine Bauchwand gedrückt wird, um den Kontrastbrei in allen Anteilen der Speiseröhre, des Magens und des Zwölffingerdarms zu verteilen.
Da Speisereste die Untersuchung stören, muß man für diese Untersuchung nüchtern bleiben.

Die Doppelkontrasttechnik
Um eine detaillierte Abbildung der Schleimhäute zu erreichen, kann man die Organe mit einem Gas ausdehnen. Dieses wird in Form eines gasentwickelnden Pulvers geschluckt. Die Magenmuskulatur wird durch ein spezielles Medikament entspannt (Injektionen mit *Buscopan*, in Problemfällen *Glucagon*), damit sich die Magenwand entfaltet und gut kontrollieren läßt. Falls geröntgt werden soll, gilt die Doppelkontrasttechnik als einzige zweckmäßige Methode. Die Strahlenbelastung ist durch die moderne Technik gering. Die Untersuchung dauert etwa 15 Minuten, wenn nicht noch weitere Zusatzaufnahmen gemacht werden müssen.

Eine reine Prallfüllung ist *abzulehnen*. Diese traditionelle Methode reicht nicht für eine exakte Untersuchung aus. Die Fehlerquote beträgt bis zu einem Drittel. Das kann zu falschen Behandlungen bzw. zur Nichtbehandlung einer bestehenden Krankheit führen.
Mit der Doppelkontrasttechnik kann dagegen die Fehlerquote auf sieben Prozent gesenkt werden[2].
Nachteile der Doppelkontrasttechnik:
- Sie ist aufwendig und zeitraubend.
- Mit Röntgen kann man nicht immer eine sichere Aussage über die Gut- oder Bösartigkeit einer Veränderung treffen.
- Diese Technik ist nicht geeignet zur Untersuchung von Blutungsquellen. In solchen Fällen darf kein übliches Kontrastmittel eingenommen werden.

8.2. Endoskopie (Spiegelung)[3]

Die Endoskopie wird als Untersuchungsmethode in den letzten fünfzehn Jahren zunehmend angewandt.
Der Durchmesser des Gerätes, mit dem das Innere von Speiseröhre, Magen und Zwölffingerdarm – üblicherweise in einem Arbeitsgang – ausgeleuchtet und gespiegelt wird, ist in dieser Zeit auf ein Drittel (9 Millimeter) des ursprünglichen Maßes verringert worden. Das macht die Untersuchung heute weniger unangenehm[4].
Diese Endoskopie wird meist in Linksseitenlage durchgeführt und dauert üblicherweise nicht länger als zehn Minuten, wenn nicht zusätzlich Biopsie oder Bürstenzytologie notwendig werden. Für die bessere Sicht wird durch das Endoskop Luft in den Magen eingeblasen. Das ist unangenehm. Ein einfühlsamer Arzt wird am Ende der Untersuchung die Luft wieder absaugen.
Das Untersuchungsgerät muß vom Kranken »geschluckt« werden und wird vom Arzt durch die Speiseröhre eingeführt. Außerhalb des schlauchähnlichen Gerätes, das *Endoskop* genannt wird, befindet sich eine Lichtquelle. Das Licht wird mittels Glasfibern an die Spitze des Geräts geleitet. Das Fiber-Endoskop kann von außen vom Arzt so gedreht werden, daß damit alle Winkel ausgeleuchtet und kontrolliert werden können.

Durch das Gerät kann man auch eine Zange einführen, mit der Gewebsproben der Schleimhaut entnommen werden können. Dies nennt man *Biopsie*. Mit einer kleinen »Bürste« können oberflächlich Zellen abgekratzt und zur Untersuchung (*Zytologie*) im Labor eingesandt werden. Das wird *Bürstenzytologie* genannt. Auch eine elektrisch aufladbare Schlinge kann durch das Endoskop eingeführt werden, mit der eventuell vorhandene Polypen abgetragen werden können. Mit einer Zange können Fremdkörper entfernt werden.

Für die Untersuchung muß man nüchtern bleiben. Das Endoskop wird durch den Mund eingeführt und bis in den Magen vorgeschoben. Damit nicht übermäßiger Brechreiz entsteht, kann der Rachen gefühllos gemacht werden.
In diesem Fall ist eine Stunde nach der Untersuchung Essen und Trinken verboten, damit es nicht zum Eindringen von Speisebrei in die Luftröhre kommt.
Eine Vorbereitung mit Medikamenten für die Untersuchung ist nicht notwendig. Bei manchen Kranken ist die Aufregung allerdings sehr groß. Sie kann durch einmalige Gabe eines Mittels zur Beruhigung und gegen Brechreiz gemildert werden. Geeignet sind Wirkstoffe aus der Gruppe der Benzodiazepine, z. B. Mittel mit Oxazepam, z. B. in *Anxiolit, Praxiten* oder mit Diazepam, z. B. in *Valium*. Für längere Eingriffe kann kombiniert damit Atropin (z. B. in *Atropinsulfat Drobena, Hameln, Atropinum sulfuric.*) zur Verringerung des Speichelflusses im Mund eingesetzt werden. Bei starkem Brechreiz und Empfindlichkeit, die die Untersuchung als unzumutbar erscheinen lassen, kann der Arzt durch Injektion von Morphinderivaten (z. B. *Alodan*) oder kurz wirksamen Schlafmitteln (z. B. *Rohypnol* oder *Dormicum*) diese erleichtern. Das hat den Vorteil, daß Betroffenen die Erinnerung an den Eingriff fehlt und sie keinen Widerstand gegen die oft notwendige Kontrolluntersuchung entwickeln. Diese Mittel beeinträchtigen aber die Konzentrationsfähigkeit, weshalb nachher weder ein Fahrzeug gelenkt noch komplizierte Maschinen bedient werden dürfen.
Als sehr wirksam zu besseren Verträglichkeit der endoskopischen Untersuchung hat sich die Vorbereitung durch Akupunktur erwiesen[5]. Sie hat keine Nebenwirkungen.

Vorteile der Endoskopie:

- Die Endoskopie ist rasch durchführbar, eine technisch einwandfreie Routinemethode, weitgehend ungefährlich. Sie ist daher die Methode der Wahl.
- Falsche Resultate sind mit dieser Methode viel seltener als mit der konventionellen Röntgenologie.[6] Deshalb gilt die Endoskopie als beste Untersuchungsmethode.

  Ausnahmen:
- Nur, wo die Endoskopie nicht verfügbar ist, ist ein Röntgen sinnvoll.
- Funktionelle Störungen wie z. B. die Störung der Magenentleerung sind mittels Röntgen besser erfaßbar.
- Es gibt bösartige Neubildungen in der Muskelwand des Magens, die endoskopisch nicht sicher faßbar sind.

8.3. Funktionstests

Die sogenannten Funktionstests spielen nach der heutigen Lehrmeinung, die sich allerdings noch nicht überall durchgesetzt hat, für Routineuntersuchungen eine untergeordnete Rolle. Sie liefern *keine* Aussagen darüber, ob eine Neigung zu Geschwüren besteht, ob sie bereits vorhanden sind oder ob ein Rückfall zu erwarten ist. Auch als »Qualitätskontrolle« nach Vagotomie-Operationen (siehe Kapitel 14.1., Seite 125) eignen sie sich nur bedingt. Sie sind aber sinnvoll als Test während der Vagotomie, bei Verdacht auf das sehr seltene *Zollinger Ellington Syndrom (ZES)* und bei Verdacht auf das völlige Fehlen von Magenschleimhaut und dadurch bedingtes völliges Fehlen von Magensaft (*Achlorhydrie*).[7]
Die Säure-Tests sind zeitaufwendig und dadurch teuer, und sie belasten die Untersuchten. Sie sollten deshalb nur in den erwähnten ganz speziellen Fällen vorgenommen werden.

Die Magensäurebestimmung (Fraktionierte Magensaftanalyse):
Die Magensäurebestimmung dient dazu, die freie Magensäure und die Säureproduktion nach starker Anregung zu bestimmen.
Zwölf Stunden vor der Untersuchung sollte man keine Nahrung zu sich nehmen, nichts trinken, nicht rauchen und keine Medikamente einneh-

men, die die Magensekretion anregen oder hemmen. Ein Schlauch wird unter Röntgenkontrolle über Nase oder Mund eingeführt. Durch diese Sonde wird das Magensekret abgesaugt, während der Kranke auf der linken Körperseite liegt. Während zwei Stunden wird kontinuierlich Magensaft gewonnen und auf seinen Säuregehalt untersucht, nachdem der Magen zur Säureproduktion angeregt worden ist.

Die *Insulintestung*,
bei der der Magen durch Insulin zur Säureproduktion gereizt wird, hat hohe Nebenwirkungsrisiken und gilt heute nicht mehr als geeignet zur Kontrolle von Vagusoperationen (siehe Kapitel 14.1., Seite 125)[8].

Der *sondenlose Magensäuretest*
mit der sogenannten *Heidelberger Kapsel* – ein kleiner Sender, der geschluckt wird und Aufschluß über die Magensäurekonzentration gibt – wird wegen ungenauer Aussagen nur noch selten angewendet.
Tests mit Tabletten (z. B. *Desmoidpille, Gastrazidtest, Gastrotest*) sind zwar einfacher, haben aber hohe Fehlerquoten und gelten daher als *ungeeignet*[9].

Der *Test der Magenbeweglichkeit (Motilität)*
mißt die Entleerungsfähigkeit des Magens[10]. Dazu gibt es verschiedene Methoden. Meist wird eine radioaktiv markierte Mahlzeit mittels Röntgen auf ihrem Weg durch den Magen und Darm mit Hilfe einer Isotopen-Kamera beobachtet. Diese Tests sind aufwendig und liefern keine für die Behandlung wichtigen Aussagen. Heute wird die weniger aufwendige Ultraschalluntersuchung vorgezogen.

»Ein einfacher Funktionstest, der bei einzelnen Patienten zur Wahl einer optimalen, differenzierten, dem Einzelfall angepaßten medikamentösen oder chirurgischen Therapie herangezogen werden könnte, ... ist (bis) heute leider nicht bekannt«, kommentieren die Herausgeber des umfassenden Fachwerks »Ulcustherapie« die unbefriedigende Situation.[11]

B. Behandlungsformen

9. **Selbsthilfe**

9.1. Diät

Viele im landläufigen Allgemeinwissen und bei Ärzten verbreitete Meinungen, daß gewisse Diäten günstig, andere schädlich seien, daß manche Drogen und Genußmittel u. ä. auf den Magen schädlich wirken, sind zwar nie belegt worden, beruhen aber auf alten Überlieferungen, Mythen und Glaubenssätzen.

Schon im ersten nachchristlichen Jahrhundert riet der römische Arzt Celsus: »Wenn der Magen mit einem Geschwür behaftet ist... soll leichte und gleitfähige Nahrung verwendet werden, alles Scharfe und Sauere soll man meiden.«[1] Die arabische Medizin und Mönchsschulen des frühen Mittelalters empfahlen ähnliches: Fasten und sogenannte »blande« Kost. Im vorigen Jahrhundert kam die Idee auf, zur Behandlung bei Magenbeschwerden Milch zu geben, und später galten viele kleine Mahlzeiten, über den Tag verteilt, als Schonkost. Dahinter stand das Ziel, die Magensäure zu pfuffern – zu neutralisieren – und ihre Produktion möglichst nicht anzuregen.

Längst haben Vergleichsstudien belegt, daß Diät für die Heilung des Magen- und Zwölffingerdarmgeschwürs, aber auch für die Beeinflussung des nervösen Magens keine Bedeutung hat und daher *nicht notwendig* ist. Trotzdem quälen sich immer noch viele Betroffene mit langweiliger Zusammenstellung ihrer Nahrung und mit mühsam einzuhaltenden Vorschriften und Verboten, die das Essen zur Qual machen und die Beschwerden in den Lebensmittelpunkt rücken.

Heute gilt die Regel: Erlaubt ist, was als angenehm empfunden wird. Normalkost beschleunigt die Heilung mehr als einschneidende Maßnahmen oder fade, geschmacksarme Speisenzusammensetzung. Trotzdem aber werden diätische Maßnahmen den meisten Betroffenen angeraten und in vielen Krankenanstalten immer noch durchgeführt[2].

Was man selbst tun kann:

- Magenkranke mit und ohne Geschwür dürfen nach ihren Gewohnheiten essen – alles was ihnen bekommt. Von Vorteil ist abwechslungsreiche, vollwertige Kost, die durch gutes Kauen leicht verdaulich gemacht wird.
- Drei Mahlzeiten täglich puffern die Salzsäure des Magens besser als viele kleine Portionen. Auch Milch hat keine bessere Pufferwirkung. Im Gegenteil: Nach dem Milchtrinken kommt es zu einer erhöhten Säureproduktion (*Rebound*).
- Bei Nüchternschmerz können kleine Zwischenmahlzeiten helfen. Spätabends sollte keine Mahlzeit mehr eingenommen werden.
- Auf Rauchen sollte möglichst ganz verzichtet werden.
- Kaffee und Alkohol sind in Maßen erlaubt, wenn man sie verträgt.
- Hochprozentiger Alkohol in größeren Mengen und auf leeren Magen sollte jedoch gemieden werden.
- Auch Medikamente, die die Magenschleimhaut schädigen (siehe Kapitel 15., Seite 132) sollten gemieden werden, wenn sie nicht unbedingt für die Behandlung einer anderen Krankheit notwendig sind[2].
- Wärme lindert die Beschwerden. Eine Wärmflasche, noch besser aber eine warmfeuchte Packung (siehe Kapitel 9.2., Seite 55) mit anschließender Ruhe können helfen.
- Wenn möglich, sollte jeder Streß vermieden werden – was gewiß nicht leicht ist. Im akuten Zustand der Erkrankung ist das »Abschalten« aber besonders wichtig. Das kann mittels »Autogenem Training« oder anderen Entspannungstechniken (siehe Kapitel 11., Seite 71) leichter gelingen.
- Man sollte Erregung, Ärger und vor allem Angst aus dem Wege gehen. Das bedeutet in den meisten Fällen, Lebensstil und Lebenssituation zu verändern (siehe Kapitel 11., Seite 71 und Kapitel 12., Seite 77).

In der Folge werden zur Auswahl einige Heilverfahren vorgestellt und geschildert, die man leicht erlernen und auch selbst anwenden kann. Sie dienen der Stärkung der Widerstandsfähigkeit des Körpers, aber auch der Seele gegen die Streßfaktoren, denen man in der Lebensumwelt ausgesetzt ist.

9.2. Wasser als Heilmittel

Die Heilbehandlung mit Wasser ist eine der ältesten (volks-)medizinischen Heilmethoden[4]. Ihre Maßnahmen wirken durchblutungsfördernd und über das Gefäßsystem regulierend auf das vegetative (autonome) Nervensystem. Kältereize stimulieren den Sympathikus-, Wärmereize den Vagus-Nerv. Wasseranwendungen können erfolgreich sein, sofern man einige wichtige Grundregeln einhält:

- Man beginnt mit kleinen Reizen (lauer Temperatur, schwachem Wasserstrahl), die erst allmählich gesteigert werden.
- Man beginnt an krankheitsfernem Ort, wobei an kalten Körperteilen keine kalten Anwendungen vorgenommen werden sollten (bei kalten Füßen kein kalter Knieguß). Besser greift die Wasserbehandlung, wenn die entsprechende Körperregion vorher mit der Bürste trocken massiert wird (in Richtung zum Herzen). Magenkranke beginnen am besten mit lauwarmen Anwendungen, gehen zu Wechselanwendungen über und zuletzt zu kalten. Am Beginn einer Wasserbehandlungskur sollten morgens die warmen Behandlungen stehen, abends die kalten. Stellt sich das vegetative (autonome) Nervensystem auf diesen Rhythmus ein, so sollte das Wasser im Gegenrhythmus (morgens kalt, abends warm) eingesetzt werden.
- Wichtig ist, daß man weder vor noch nach der Behandlung friert. Zugluft vermeiden. Nach der Wasseranwendung nicht abtrocknen, sondern in ein vorbereitetes Hemd schlüpfen und entweder durch Bewegung oder durch Zudecken im Bett aufwärmen. Das Hemd trocknet von selbst, wenn der Körper warm wird.
- Günstig sind nach der Behandlung längere Ruhepausen in warmer Umgebung (Bett).
- Wer an schweren Kreislaufstörungen oder Herzbeschwerden leidet, sollte sich mit dem Arzt bzw. Physikalischen Therapeuten wegen der Wasseranwendungen beraten.

Kalte Armbäder, kalte Fußbäder, Kneippen im »Storchengang«, kalte Teilbäder und Oberkörperwaschungen sowie Wechselbäder wirken nach Trockenbürstungen besonders anregend und entspannend.

Packungen

Im Bereich der Oberbauchbeschwerden selbst wirken feucht-warme Packungen noch stärker beruhigend als einfache Wärme. Sie dürfen bei Reizmagen, Entzündungen und Geschwüren (nur, wenn keine Blutung vorhanden ist) angewendet werden.

Die warme Packung sollte nach der Mittagsmahlzeit und abends angelegt werden. Dazu benötigt man Wasser von etwa 50 Grad Wärme, ein leinenes Tuch, ein Flanelltuch, eine Wärmeflasche.

- Das Leinentuch wird in heißes Wasser getaucht, ausgewrungen, aufgelegt und mit dem Flanelltuch abgedeckt. Darüber kommt die Wärmeflasche.
- Warm zugedeckt läßt man die Packung 20–60 Minuten einwirken – sehr oft schläft man unter der beruhigenden Wirkung ein. Da man sich nachher müde, manchmal sogar depressiv fühlt, sollte man noch eine Viertelstunde ruhen und erst dann wieder einer Aktivität nachgehen[5].

  Die Wirkung der Packung kann durch Heublumen noch verstärkt werden[6]. Man kann die dazu benötigten Heublumensäckchen in der Apotheke besorgen.

Bei starker Anspannung und starken Krämpfen des Magens kann auch eine feuchtkalte Packung beruhigend und lindernd wirken. Sie wird entweder mit einem Leinensack, in den zerkleinerte Eisstückchen eingefüllt werden, oder mit einem in kaltem Wasser angefeuchteten Tuch wie oben beschrieben aufgelegt. Auch zur kalten Packung gehört die Bettruhe.

9.3. Heilatmen

Die chinesische Medizin hat aus jahrtausende alter Erfahrung Atemtechniken entwickelt, die Heilungsprozesse unterstützen können. Heute wird Heilatmen in chinesischen Kliniken als begleitende Behandlung durchgeführt und ist bei Geschwüren sogar als Basisbehandlung erfolgreich[7]. Atemtherapien werden auch bei uns in verschiedenen Krankenanstalten durchgeführt. In Kursen mancher Erwachsenenbildungsinstitute kann man die Atemtechnik erlernen.

Man kann solche Übungen selbst und gefahrlos durchführen, wenn man sie

- ungezwungen
- in entspannter, ruhiger Umgebung
- regelmäßig und in Maßen: nur bis zum Empfinden allgemeiner Entspanntheit, nicht bis zur Ermüdung
- nicht knapp vor und knapp nach Mahlzeiten durchführt.

Der Übende konzentriert sich auf die Atemtätigkeit und lenkt während des Trainings durch die Atmung seine gesammelte Aufmerksamkeit.

Heilatmen kann in zwei verschiedenen Körperhaltungen durchgeführt werden.
Sitzhaltung: auf einem Hocker ohne Lehne bequem breitbeinig sitzen, die Füße auf dem Boden, die Hände auf den Knien aufgestützt.
Rückenlage: auf mittelharter Unterlage Kopf und Schultern mit kleinem Polster unterlegt, die Arme anliegend, die Handflächen nach unten. Die Augen sollen in beiden Fällen halb geöffnet sein.

Tiefatmung:
Die Zungenspitze wird an den Gaumen gehoben, man atmet gleichmäßig durch die Nase tief aus und ein. Beim Einatmen hebt sich die Bauchdecke, beim Ausatmen senkt sie sich. Keine Atempause einlegen.

Gegensatzatmung:
Beim Einatmen dehnt sich der Brustkorb, beim Ausatmen bleibt der Bauch gedehnt und der Brustkorb entspannt. Keine Atempause. Ruhig und gelassen, regelmäßig die Übung durchführen.
Der bei den Übungen angesammelte Speichel soll in kleinen Mengen geschluckt werden. Die Aufmerksamkeit richtet sich während der Übung auf die Körpergegend zwischen Nabel und Schambein oder auf die Zehenspitzen. Nach einiger Zeit kann ein Wärmegefühl vom Brustbein bis zur Blase oder entlang der Wirbelsäule entstehen.

Grundübung gegen nervöse Störungen:
Man atmet durch den Mund aus, läßt die Zungenspitze abfallen, zieht den Bauch leicht ein und denkt an das Wort »Entspannung«, dann atmet man mehrmals durch die Nase ein und aus. Beim letzten Einatmen denkt man an das Wort »Ruhe«, läßt die Bauchdecke locker und hebt

die Zungenspitze an den oberen Gaumen, dann hält man den Atem so lange wie möglich an und atmet durch die Nase wieder aus.
Im Verlauf der Übungen können unkontrollierte Körperbewegungen (Zuckungen) auftreten. Sie sind unerheblich und hören von selbst wieder auf, wenn man den Ruhezustand einhält.

Übung bei nervösem Magen, Säureerbrechen und Magengeschwüren:
Man stellt sich locker mit leicht gegrätschten Beinen an eine glatte Wand und lehnt sich mit der ganzen Rückseite des Körpers, der entspannt werden sollte, an. Dann läßt man sich langsam niedergleiten in die Kniebeuge und stützt die Arme mit dem Ringfinger und dem kleinen Finger an der Kinnspitze ab. Während des Niedergleitens soll die Silbe »T'ung« gesprochen werden. Dabei strömt die Luft rasch und stark aus. Man konzentriert sich auf die Vibration, die man im Magen spürt. Dann gleitet man wieder langsam an der Wand empor und atmet mit der Nase ein.

Man sollte alle Übungen regelmäßig über mehrere Monate durchführen. Damit erlernt man ein neues Gewohnheitssystem, wodurch der gesamte Körper und die inneren Organe entspannter werden.

9.4. Massagen

Massagen sind ein altbewährtes Mittel zur Entspannung und zur Förderung der Durchblutung[7a].
- Sie wirken auf die Haut und das Bindegewebe und regen dabei den Stoffwechsel an.
- Sie entspannen die Muskulatur.
- Sie fördern die Blutzirkulation und den Lymphstrom.
- Sie wirken auf die inneren Organe über die Reize (Reflexe) an den entsprechenden Hautregionen.

Massagen sind prinzipiell dann sinnvoll, wenn eine stärkere Durchblutung gewünscht wird. Sie können die Behandlung von funktionellen Störungen (siehe Kapitel 4., Seite 24) unterstützen. Massagen in einem bestimmten Bereich des Rückens entlang der Wirbelsäule können regulierend auf das den Magen steuernde Nervensystem einwirken.
Es ist von Vorteil, das Massieren von ausgebildeten Personen zu erler-

nen. Kurse werden in Einrichtungen der Erwachsenenbildung, in Sportausbildungsstätten und Selbsthilfegruppen angeboten. Massagen können erfolgreich vom Partner/von der Partnerin durchgeführt werden. Seine/ihre Mitarbeit kann die wohltuende Wirkung noch verstärken.
Ohne Unterstützung von Experten kann man jedoch auch selbst einiges für die Durchblutung tun. Zum Beispiel regt kräftiges Massieren der Gliedmaßen und des Körpers mit einer Bürste (Naturborsten) oder einem Massagehandschuh in kreisrunden Bewegungen zum Herzen hin die Blutzirkulation an.

9.5. Akupressur

Akupressur (*Shiatsu*) ist vor allem bei Magenbeschwerden nervöser Art sinnvoll[8].
Die japanische Fingerdrucktherapie beruht auf der gleichen Theorie wie die Akupunktur (siehe Kapitel 10.1., Seite 66). Statt der Nadeln werden dabei die Daumenkuppen eingesetzt. Durch Pressen bestimmter Punkte auf den gedachten Linien (Meridianen), auf denen durch verschiedene Körperregionen und Organe »Lebensenergie« fließt, kann der Energiestrom »reguliert« werden. Das erklärt, warum manche Punkte weit weg von dem Bereich liegen, auf den sie wirken sollen.
Der Druck wird mit dem Daumen ausgeübt. Drei Sekunden lang langsam ansteigend, drei Sekunden lang stark, anschließend drei Sekunden lang langsam nachlassend.
Am besten ist, wenn ein Partner die Akupressur ausübt. Manche Behandlungspunkte erreicht man aber auch erfolgreich allein.
Die Akupressurpunkte liegen spiegelgleich an beiden Körperhälften. Sie müssen sorgfältig gesucht werden. Man spürt sie meist gut, denn sie sind druckschmerzempfindlich. Sie sollten aber nur ein wenig weh tun. Stellt sich starker Schmerz ein, muß man die Behandlung sofort abbrechen. Manchmal spürt man die Druckempfindung ausstrahlend entlang des zugehörigen Meridians.

Akupressur bei Magenbeschwerden (siehe Abbildung 2):
Der Erkrankte sitzt bequem, dann werden hintereinander je neun Sekunden lang folgende Punkte gedrückt:

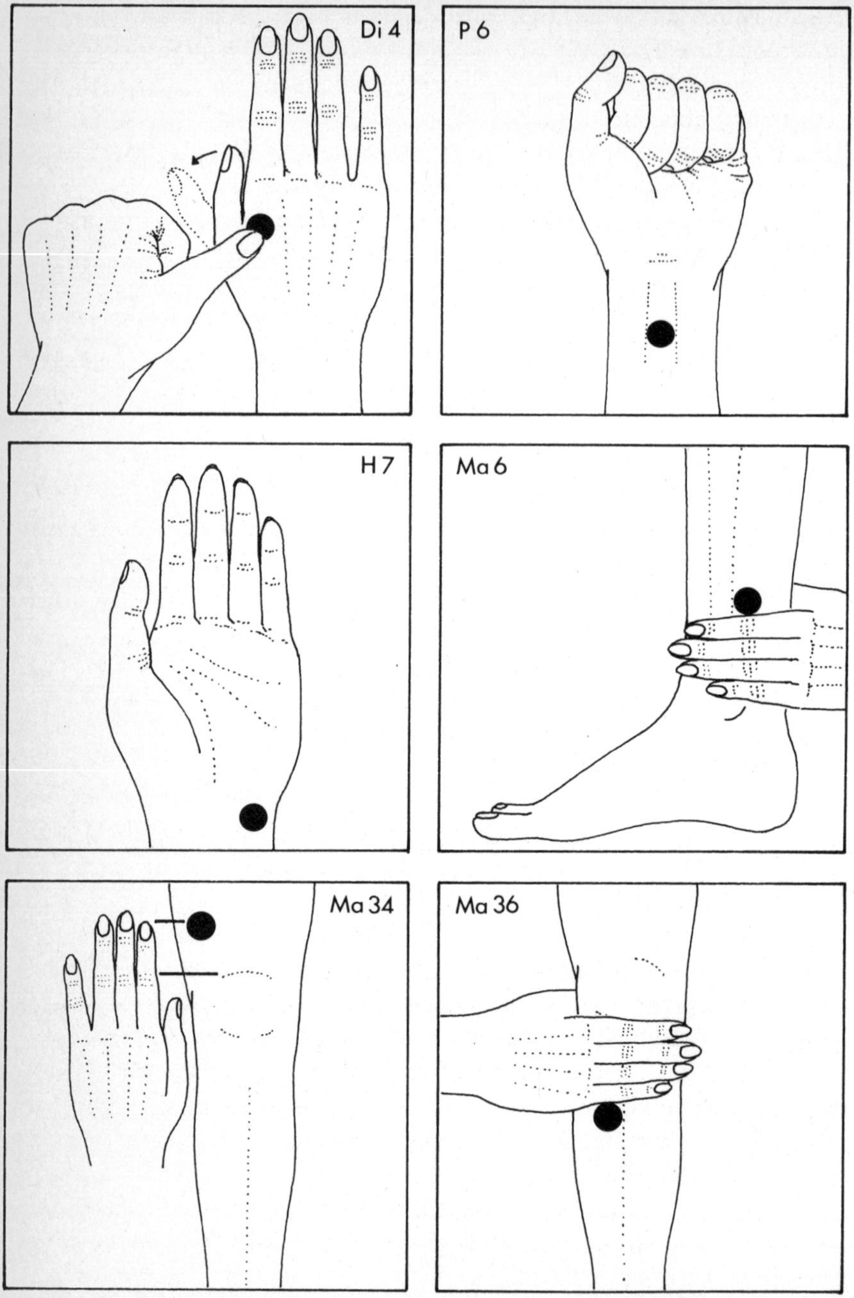

Abb. 2: Akupressur-Punkte

Di 4: Wenn man die Hand flach ausstreckt und den Daumen anlegt, entsteht ein Hügel. Auf seinem Gipfel liegt der gesuchte Punkt. Man drückt darauf und streckt den Daumen wieder langsam weg. Dann wird der Punkt massiert.

P 6: Ballt man die Faust, so treten an der Innenseite des Unterarms zwei Sehnen hervor. Der gesuchte Punkt liegt zwischen ihnen, etwa zwei Endglieder des Zeigefingers (5 cm) von der Handgelenksfalte entfernt.

H 7: Liegt an der Kleinfingerseite der Handgelenksfalte, unter der dort fühlbaren Sehne.

Anschließend hilft – in Bauchlage – eine Massage des Rückens, entlang der Wirbelsäule, besonders im Bereich der beiden unteren Brustwirbel (wo die beiden untersten Rippen ansitzen). Neben ihnen liegen wichtige Magenpunkte.

Zum Abschluß sollten – in Rückenlage – folgende Punkte massiert werden:

Ma 6: Vier Fingerbreit über dem Fußinnenknöchel, hinter dem Schienbein.

Ma 34: Etwa 5 cm (zwei Fingerendglieder) oberhalb des äußeren Kniescheibenoberrandes in einer spürbaren Vertiefung.

Ma 36: Vier Fingerbreit unter der äußeren Kniegrube, ein Querfinger vom Schienbeinrand entfernt.

Ma 25: Zwei Zeigefingerendglieder seitlich vom Nabel.

9.6. Naturheilmittel bei Magenbeschwerden

Heilkräuter werden nicht nur als »altbewährte Hausmittel« zur Linderung von Magenbeschwerden eingesetzt, ihre Wirkung ist auch wissenschaftlich nachgewiesen[9]. Akute Unstimmigkeiten des Magens kann man damit gut in den Griff bekommen, bei chronischen Störungen (Reizmagen und Gastritis) bringen sie Linderung. Heilkräuter können

- den Magen zur Bildung von Magensäure anregen
- die entzündete Schleimhaut schützen
- entkrampfende und verdauungsfördernde Wirkung haben und
- die medikamentöse Behandlung von Magen- und Darmgeschwüren unterstützen[10].

Die Anregung der Magendrüsen zur besseren Verdauung und Aufnahme der Nahrung wird am besten erreicht, wenn der Geschmack der jeweiligen Magenmittel voll zur Geltung kommt. Daher sind nach Ansicht der Phytotherapeuten Rudolf Hänsel und Hans Haas Tabletten und Dragees wenig sinnvolle Darreichungsformen. Besser wirken Bittermittel in Tropfenform (Tinktur) oder als Teezubereitung[11].
Eine Unzahl von sogenannten Naturheilmitteln, die auf dem Markt angeboten werden (in der BRD etwa 17000[11a]), enthalten nicht nur einen Wirkstoff, sondern viele verschiedene pflanzliche Bestandteile. Einzelwirkstoffe sind in der Regel vorzuziehen. Phytotherapeutika haben, verglichen mit künstlich (synthetisch) hergestellten Substanzen, eine milde Wirkung. Es ist daher wenig sinnvoll, daß vielen der freiverkäuflichen sogenannten Naturheilmittel synthetische Bestandteile zugemischt sind. Weil damit auch die Möglichkeit von unkontrollierbaren Nebenwirkungen wächst, gelten sie als *nicht zweckmäßig*.

Teezubereitungen[12]
Wahrscheinlich hat bereits die »Zeremonie« des Zubereitens und schluckweisen Trinkens zu bestimmten Tageszeiten eine gewisse beruhigende Wirkung. Grundsätzlich gilt auch für Teerezepte, daß sie übersichtlich bleiben sollten. Am besten sind Einzelzubereitungen.

Es sollten nicht mehr als zwei bis vier pflanzliche Teebestandteile vermischt werden. Zu den Hauptbestandteilen können noch Geschmacksverbesserer (Tees, die ätherische Öle enthalten) beigemischt werden, ihr Anteil sollte aber nicht höher als 30 % sein.
Werden Teemischungen gebrauchsfertig gekauft, sollten sie *sprühgetrocknet* sein. Bei dieser Verarbeitungstechnik bleiben die Tee-Wirkstoffe gut erhalten und die Wirkung der Inhaltsstoffe unverändert.

Bewährte Teerezepturen (Mengenangaben in Gramm)
Wenn nicht anders angegeben, wird ein gehäufter Teelöffel der Mischung mit 1 Viertelliter heißem Wasser überbrüht, 5 Minuten ziehen gelassen und dann abgeseiht. Die harten Früchte Anis, Kümmel und Fenchel können – z. B. mit dem Messerrücken – etwas angeklopft werden. Dadurch wird die harte Schale brüchig, und das ätherische Öl kann besser herausziehen.

Bei Appetitlosigkeit:

	Orangenschalen	10
	Tausendgüldenkraut	10
	Hagebuttenfrüchte	10

Eine halbe Stunde vor den Mahlzeiten mäßig warm und ungesüßt trinken.

Bei Verdauungsschwäche und Aufstoßen:

Teemischung I	Engelwurz	20
	Beifußkraut	10
	Melissenblätter	10
	Erdbeerblätter	10
Teemischung II	Kamillenblüten	10
	Pfefferminzblätter	10
	Enzianwurzel	5
	Schafgarbenkraut	5
	Tausendgüldenkraut	5

15 Minuten zugedeckt ziehen lassen, nach den Hauptmahlzeiten je eine Tasse ungesüßt trinken.

Teemischung III	Thymiankraut	20
	Kümmelfrüchte	10
	Pfefferminzblätter	10
	Tausendgüldenkraut	10

10 Minuten ziehen lassen, vor jeder Hauptmahlzeit 1 Tasse mäßig warm trinken.

Bei Völlegefühl und Schmerzen:

Teemischung I	Tausendgüldenkraut	10
	Pfefferminzblätter	10
	Kümmelfrüchte	5
	Beifußkraut	5
Teemischung II	Melissenblätter	20
	Enzianwurzel	10
	Kümmelfrüchte	5
	Anisfrüchte	5

2 Teelöffel, 10 Minuten ziehen lassen, warm und schluckweise trinken.

Bei Blähungen:

Teemischung I	Kümmelfrüchte	10
	Fenchelfrüchte	10
	Tausendgüldenkraut	5
	Enzianwurzel	5

Mit einem Viertelliter kaltem Wasser übergießen, bis zum Sieden erhitzen, sofort abseihen, nach dem Essen schluckweise eine halbe Tasse trinken.

Teemischung II	Kardamomenfrüchte	20
	Kümmelfrüchte	20
	Fenchelfrüchte	10

2 Teelöffel kochen, überbrühen, nach 10 Minuten abseihen, nach Bedarf eine halbe Tasse trinken.

Bei akuter Übelkeit, Brechreiz, Schmerzen:
Kamille, Melisse und Pfefferminze gelten als klassische Tees zur Beruhigung, Krampflinderung und Entzündungshemmung der Magenschleimhaut. Sie werden allerdings verschieden vertragen, man muß ausprobieren, auf welche Anwendungen man am besten anspricht.
Melissentee, Kamillentee, Pfefferminztee:
Zubereitung und Anwendung: 1–2 Teelöffel mit einem Viertelliter kochendem Wasser überbrühen, 15 Minuten bedeckt ziehen lassen, warm schluckweise zwischen den Mahlzeiten mehrmals täglich trinken, mehrere Wochen lang.

Teemischung I	Pfefferminzblätter	20
	Kamillenblüten	20
	Schafgarbenkraut	10

Teemischung II	Pfefferminzblätter	20
	Kamillenblüten	10
	Melissenblätter	10
	Anisfrüchte	5

2 Teelöffel kochend übergießen, 10 Minuten ziehen, häufig eine Tasse schluckweise trinken.

Bei Magengeschwüren:

Kamillenblüten	30
Kümmelfrüchte	10
Tausendgüldenkraut	10
Pfefferminzblätter	3
Sennesblätter	3

2 Teelöffel kochend überbrühen, 10 Minuten ziehen lassen, je eine Tasse morgens und abends im Bett trinken.

Hausmittel:

Leinsamentee dient zum Schleimhautschutz.
Zubereitung und Anwendung: 1 Teelöffel Leinsamen wird einen Tag vor Gebrauch in einem Viertelliter Wasser eingeweicht, abgesetzt und der Sud auf den Tag verteilt oder auf nüchternen Magen getrunken. Die im Leinsamen enthaltenen Glykoside setzen bei diesem Vorgang allerdings – wahrscheinlich unbedenkliche, aber meßbare Mengen von Blausäure frei. Man sollte die Teemenge deshalb nicht überschreiten.

Saft von Weißkraut,
roh und kalt gepreßt, gilt als wirksames Mittel gegen Geschwür-Beschwerden. 1 Liter täglich, auf den Tag verteilt getrunken, fördert die Heilung besonders von Zwölffingerdarmgeschwüren. Nebenwirkungen sind nicht bekannt.

Vorsicht: *Süßholz / Lakritzensaft*,
bekanntes Hausmittel gegen Magenbeschwerden, sollte besser wegen seiner möglichen starken Nebenwirkungen (Anschwellen des Gesichts, Ödeme, Bluthochdruck) *nicht* verwendet werden[13].

Roh gepreßter Saft von Kartoffel
dämpft zwar kolikartige Schmerzen, fördert aber nicht die Heilung von Geschwüren. Wegen seiner starken Nebenwirkung (Erweiterung der Pupillen) darf täglich *nicht mehr* als der Saft von einer Kartoffel eingenommen werden[14].

10. Naturheilmethoden

10.1. Akupunktur und Moxibustion

Die traditionelle chinesische Medizin beruht auf Erfahrungen von Jahrtausenden. Ihre Wirksamkeit wurde in großem Umfang in China, Rußland, Japan, Korea und zunehmend auch in Europa geprüft.
Grundlage dieser Heilkunst ist die Vorstellung der Einheit von Körper und Seele. In dieser Sicht gibt es kein körperliches Leiden, das nicht gleichzeitig eine seelische Störung wäre und umgekehrt. Krankheiten innerer Organe treten an bestimmten Punkten an der Körperoberfläche in Erscheinung – etwa durch Druckschmerz oder Veränderungen auf der Haut. Eine Reizung dieser Orte kann umgekehrt zu den entsprechenden Organen weitergeleitet werden. Alle Punkte, die auf ein Organ wirken, werden als untereinander verbunden gedacht und als Meridian bezeichnet (z. B. Magenmeridian, Lebermeridian, Blasenmeridian etc.). Insgesamt werden 14 Meridiane festgelegt.
Bei der Akupunktur werden gewisse Punkte auf diesen Linien mit Nadeln aus Gold, Silber oder Stahl gestochen und gereizt. Neuere Techniken verwenden für die Reizung Laserstrahlen oder elektrische Spannung (Elektroakupunktur). Sie sind der traditionellen Nadelung nicht überlegen.

Die Wirksamkeit der Akupunktur ruht auf vier Pfeilern: Der Einstichschmerz der Nadel erreicht das Schmerzzentrum im Gehirn schneller als der Krankheitsschmerz und wirkt auf ihn als »Bremse«; der Einstich regt die körpereigene Produktion von Gegenschmerzmitteln an (z. B. *Endorphine*); er erhöht die Stoffwechselzirkulation in den Gefäßen und zwischen den Zellen; und er setzt die Muskelspannung (den *Tonus*) herab.

Deshalb sprechen besonders Störungen und Erkrankungen im Magenbereich sehr gut auf Akupunktur an, sogar in Fällen, die sich anderen Behandlungen hartnäckig entziehen. Einer Wiener Untersuchung entsprechend sind drei Viertel der Behandelten nach durchschnittlich 9,3 Behandlungen schmerzfrei und geheilt, nur bei 4% der Betroffenen kann die Methode keine Besserung bringen[1].

Schon zu Beginn der Behandlung wird die Säureproduktion im Magen normalisiert[2], und meist stellt sich bereits in der ersten Woche (bei durchschnittlich drei Behandlungen) Schmerzfreiheit ein. Trotzdem soll die Behandlung weitergeführt werden. Geschwüre im Magen oder im Zwölffingerdarm heilen üblicherweise nach 4–8 Wochen ab. Eine Endoskopiekontrolle ist notwendig[3]. Die Anwendung angewärmter Nadeln oder einer begleitenden Wärmebehandlung (elektrischer Heizkasten) fördern den Erfolg, da sie größere Entspannung der Magenmuskeln und der Muskeln des Darmes bewirken[4].

Zur Behandlung sind je nach Technik 4 bis 20 Nadeln erforderlich, eine Sitzung dauert etwa 15 Minuten.

Die Akupunktur eignet sich auch zur Vorbeugung in Fällen von chronischen Geschwüren, bei denen keine Vagotomie (siehe Kapitel 14.1., Seite 125) durchgeführt werden kann. Sie kann in Fällen, da üblicherweise im Frühjahr und Herbst ein Neuauftreten der Beschwerden zu erwarten ist, etwa vier Wochen vorher eingesetzt werden. Ein neuerliches Geschwür kann mit 6–7 Sitzungen in den meisten Fällen verhindert werden[5].

Selten angewendet, aber sehr erfolgreich ist diese Methode auch zur Vorbereitung der endoskopischen Untersuchung, die damit viel von ihrer Unannehmlichkeit verliert[6].

Bereits im alten China wurde neben der Nadeltherapie die Heilbrennbehandlung (*Moxibustion*) angewendet. Meist sind die für die Therapie ausgewählten Stellen identisch mit den Nadelungspunkten. Für die Brennmethode wird aber ein »Docht« aus getrockneten Beifußblättern aufgelegt und abgebrannt. Die Haut wird durch eine Ingwerscheibe oder eine Salzschicht geschützt. Dabei entwickelt der Beifuß eine optimale, in die Tiefe des Gewebes eindringende Wärme. Er ist leicht brennbar, entflammt jedoch nicht. Allerdings wird sein durchdringender Geruch oft als stechend empfunden. Man kann mit einer sogenannten Beifußzigarre auch in der Haut befindliche Akupunkturnadeln erwärmen und damit ihre Wirkung erhöhen.

Die Krankenkassen bezahlen Behandlungen mit Akupunktur und Moxibustion im allgemeinen nicht.

10.2. Bindegewebsmassage

Die Bindegewebsmassage eignet sich besonders gut für funktionelle Störungen im Oberbauch. Sie wird nicht bei akuten Schleimhautreizungen und Geschwüren eingesetzt, aber parallel zur medikamentösen Behandlung im abklingenden Stadium, und sie ist erfolgreich gegen das Wiederauftreten von Geschwüren[7].
Die Bindegewebsmassage wirkt auf das Unterhautgewebe ein, das Nerven und Gefäße einbettet, das Wasser speichert und Nährstoffe und Abfallprodukte des Stoffwechsels überträgt.
Durchblutung, Schmerzempfindlichkeit, Wassergehalt des Bindegewebes werden vom Nervensystem gesteuert. Umgekehrt kann das Unterhautgewebe über die Nervenleitung eigene Zustandsveränderungen an die entsprechenden Abschnitte im zentralen Nervensystem des Rückenmarks »rückmelden«.
Diese Abschnitte nehmen jeweils Einfluß nicht nur auf die Hautregion, sondern auch auf Teile der Skelettmuskulatur und Organe. Diese drei Äste des *Spinalnervs* stehen miteinander in Verbindung. Dadurch können Erregungen einzelner Nervenäste aufeinander übertragen werden, und es kann durch Überbelastung eines Organs zu ganz charakteristischen Verspannungen bestimmter Muskelgruppen oder Einziehungen und Schwellungen bestimmter Zonen des Haut- und Bindehautgewebes kommen.
Diese Wechselwirkung macht sich die Bindegewebsmassage in umgekehrter Richtung zunutze.
Mit den Fingerkuppen wird – ohne Druck – starker Zug auf die Haut bzw. Unterhaut ausgeübt. Das fühlt sich wie ein »Schnitt« an. Dadurch wird das Bindegewebe stark überdehnt. Der Reiz bewirkt einen geänderten Zellstoffwechsel, bei dem histaminähnliche Produkte entstehen. Sie reizen die Nervenden. Der Reiz wird in den entsprechenden Wirbelsäulenabschnitt übertragen und erregt dort die anderen Nervenbahnen mit.
Die Behandlung umfaßt mindestens 9 Sitzungen. Sie beginnt in den Randzonen der betroffenen Region. Diese liegen im Bereich der Len-

denwirbelsäule, des Beckens und Dammbeins. Dann werden die Bereiche am Hals, im Schlüsselbein- und Schultergürtel und zwischen Brustbein und Nabel »bestrichen«. Zuletzt wird auf die Maximalstellen übergegangen. Sie liegen hinter dem Ohr, beim ersten und im Gebiet der untersten drei Brustwirbel.
Bei den ersten Behandlungen werden nur 7–8 Striche durchgeführt. Das dauert nur einige Minuten. Später wird auf 10 und mehr Striche gesteigert. Die letzten Behandlungen an den Maximalpunkten können bis zu 20 Minuten beanspruchen.
Als Nebenwirkung der Behandlungen treten Hitzegefühl und Schweißausbrüche auf. Häufig sind auch starke Müdigkeit – dann sollte kein Auto gelenkt werden – und nach den ersten Behandlungen Erregbarkeit und Schlafstörungen. Die Bindegewebsmassage der Magenregion verstärkt auch die Menstruationsblutung.
Die vom Arzt verschriebene Bindegewebsmassage wird von den Krankenkassen bezahlt.

10.3. Homöopathische Mittel

Funktionelle Oberbauchbeschwerden (Reizmagen) können gut mit homöopathischen Mitteln behandelt werden. Dies sind stark verdünnte Substanzen aus pflanzlichen, tierischen oder mineralischen Stoffen. Sie sind von Nebenwirkungen frei. Von der Schulmedizin werden sie als Placebos (Scheinmittel) eingestuft, führen aber in sehr vielen Fällen zur Besserung.
Die Homöopathie beruht auf der gründlichen Auseinandersetzung nicht nur mit dem kranken Organ, sondern mit dem ganzen Menschen. Die Behandlung mit homöopathischen Mitteln verlangt daher nicht nur eine eingehende Untersuchung, bei der die Krankheit festgestellt wird (Diagnose). Nach den Angaben des Patienten wird die genaue Krankengeschichte erhoben. Dazu gehören Art und Umstände der Beschwerden, Leit- und Begleitsymptome, chronische Krankheiten und Medikamentenverbrauch, körperliche Verfassung und vor allem seelischer Zustand. Der Arzt muß sich also Zeit für ein eingehendes Gespräch nehmen. Wahrscheinlich liegt darin ein Teil des Heileffekts der homöopathischen Medizin begründet.

Es ist wenig zweckmäßig, sich in der Apotheke »etwas Homöopathisches« zu besorgen. Die im freien Handel erhältlichen Mischpräparate widersprechen dem Prinzip der individuellen Behandlung, und sie widersprechen auch dem Prinzip der *Ähnlichkeit*. Es besagt, daß bestimmte Stoffe bei gesunden Menschen ganz bestimmte Krankheitsbilder erzeugen. Sind die Krankheitszeichen, an denen eine Person leidet, einem solchen Vergiftungsbild ähnlich, so kann – nach Vorstellung der Homöopathie – der jeweilige Stoff in vielfacher Verdünnung (Dilution) als wirksames Gegenmittel eingesetzt werden. Diese Ähnlichkeit der Krankheitssymptome kann aber nur vom homöopathisch geschulten Arzt festgestellt werden.

Die klassische Homöopathie betrachtet das »Zusammenmischen zweier oder gar mehrerer Arzneistoffe« als »unbedingt verwerflich«, weil »jeder Arzneistoff seine ihm allein eigentümliche, von jedem anderen abweichende Wirkung hat und nur einfache und unvermischte Arzneistoffe an Gesunden geprüft und in ihren wahren Wirkungen bekannt sind.«[8] Es liegt in der Hand des behandelnden Arztes, weitere Einzelmittel einzusetzen.

Weil Apotheken und Erzeuger mit diesen aber kein Geschäft machen können, werden immer mehr Komplexmittel aus 20 und mehr Bestandteilen angeboten und – trotz Werbeverbot (Ö) und Aussageverbot über die Anwendung (BRD und Ö) – beworben.

Die Homöopathika werden in Österreich erst 1990, in der BRD 1989 dem Arzneimittelgesetz untergeordnet.

Homöopathische Behandlungen werden im allgemeinen von den Krankenkassen nicht bezahlt.

11. Psychotherapeutische Entspannungsübungen und Suggestivverfahren

Suggestiv- und Entspannungsverfahren wirken über die Entspannung des Muskel- und Gefäßsystems auf alle vom vegetativen Nervensystem gesteuerten Organfunktionen[1]. Beherrscht man diese Techniken, so kann man selbst den Magen »beruhigen«. Ihre Anwendung kann den Erfolg der Behandlung mit Medikamenten fördern und möglicherweise die Menge an Medikamenten reduzieren.

Das einfachste und wirkungsvollste »Suggestivverfahren« ist die wohltuende Situation des Versorgtwerdens: warm zugedeckt im weichen Bett liegen, an das eine liebevolle Person warmen Tee und gute Worte bringt. Dies erinnert an die ursprüngliche, vertrauensvolle Beziehung zur Mutter / zu den Eltern, die man als Kind erlebt oder sich gewünscht hat.

Das Vertrauen ist hierbei die Grundlage der Besserung. Übende und autosuggestive Verfahren können das Vertrauen in sich selbst verstärken.

Entscheidend bei den suggestiv entspannenden Methoden ist, daß man sie *selber* tut. Das *Ziel* aller Entspannungsübungen ist, daß man nach bestimmten Regeln an sich selbst arbeitet, belastende Verhaltensweisen wegtrainiert, Veränderungen der seelischen Haltung erreichen sowie neue Fähigkeiten erwerben kann. Dann werden Belastungen ertragen, ohne daß man Schaden daran nimmt. Sehr oft ist das Einüben neuer Fähigkeiten mit (Selbst-)Suggestion verbunden.

Je konsequenter die Eigenaktivität, desto größer ist der Erfolg. Die Verantwortung dafür trägt man weitgehend selbst – im Unterschied zu den anderen Behandlungsverfahren, bei denen die Abhängigkeit vom Behandler groß sein kann. Übende Verfahren werden heute bereits in vielen Volkshochschulen angeboten und auch von Krankenkassen organisiert und zum Teil bezahlt.

Adressen von einschlägigen Kursen, Selbsthilfe- und Gesprächsgruppen erhält man von diesen Institutionen, guten praktischen Ärzten, Gesundheitsämtern und – für die BRD – in der Bundeszentrale für gesundheitliche Aufklärung in Köln, Postfach 910152, 5000 Köln 91, Ostmerheimerstr. 200, Tel 0221/89921

11.1. Autogenes Training

Dies ist eine sehr gute Methode der Entspannung und der akuten Schmerzbekämpfung, weil es den Streßkreislauf rasch durchbrechen kann. Es ist aber auch geeignet, gesundheitlichen Störungen und Krankheiten vorzubeugen, die auf anhaltender Überspannung – ob Leistungs- oder Selbstüberforderung – beruhen, wie zum Beispiel funktionellen Oberbauchbeschwerden und Geschwüren. Das Autogene Training ist in den zwanziger Jahren entwickelt worden[2] und wird erfolgreich in der Heilkunde und darüber hinaus in Schule, Betrieb und Sport eingesetzt, um ein Gleichmaß zwischen Spannung und Entspannung und damit eine bessere »Spannkraft« zu erreichen.

Voraussetzung ist, daß man ausdauernd mitarbeitet.
Ziele sind:
- Selbstentspannung der willkürlichen Körpermuskulatur und der Blutgefäße
- Selbstruhigstellung, Erholung
- Selbstregulierung der sonst unwillkürlichen Körperfunktionen (Kreislauf, Atmung, Verdauung)
- Schmerzlinderung bis -beseitigung.

Entwickelt man die Technik weiter, so kann sie dabei helfen, Vorsätze zur Änderung des Lebensstils und der Lebenssituation auch durchzuführen. Es ist vorteilhaft, diese Technik in einer Gruppe zu erlernen[3].

Als *Übungshaltungen* eignen sich
- entspanntes Liegen,
- die Droschkenkutscherhaltung, das Sitzen auf einem Stuhl ohne Armlehnen, ohne sich anzulehnen, die angewinkelten Arme entspannt auf den Oberschenkeln,

- oder die passive Sitzhaltung in einem bequemen Stuhl, bei geschlossenen Augen und tiefem Atmen.
  Zwei- bis dreimal tägliches Üben, etwa 3–10 Minuten lang, ist notwendig.

- *Schwereübung:* Mit formelhaften Leitsätzen, die gedacht und vorgestellt werden, wie: »mein rechter/linker Arm ist schwer«, werden schrittweise die Muskeln der Gliedmaßen und des Körpers entspannt.
- Mit der *Wärmeübung* (»Ich bin ganz ruhig, mein rechter/linker Arm ist warm«) werden die Blutgefäße,
- mit der *Herzübung* und der *Atemübung* werden Herztätigkeit und Atmung beeinflußt.
- Mit der Konzentration auf das *Sonnengeflecht* (»es ist ruhig, strömend warm« etc.) erlernen Magenkranke eine speziell für ihre Beschwerden wichtige Übung, die auf die vegetativen Nerven beruhigend einwirkt, die die Magenfunktionen steuern.
- Mit der *Stirnübung* (»Meine Stirne ist angenehm kühl«) werden die seelischen Funktionen weiter ruhiggestellt.

Konsequente Übung und regelmäßiges Durchführen kann bei vielen Betroffenen den Rückfall von funktionellen Oberbauchbeschwerden und Geschwüren verhindern.

11.2. Katathymes Bilderleben

Im Entspannungs- und Versenkungszustand fällt der Einstieg in die Welt der inneren Bilder leichter. Die Technik des Bilderlebens versucht, auf die Innenerlebnisse – und damit auf das Unbewußte – Einfluß zu nehmen.
Erst wird – am besten mittels Autogenem Training – ein Entspannungszustand hergestellt. Dann wird vom Therapeuten ein Symbol-Bild »angeboten«, zum Beispiel »Wiese«, »Bach« u. ä., über das der Übende weiterphantasieren soll. Über die Entspannung hinaus werden damit unbewußte Konflikte angesprochen und unter Umständen gelöst.
Auch diese Methode läuft in weiteren Stufen ab. Sie kann in sehr kurzer Zeit zu guten Heilungserfolgen führen[4].

11.3. Funktionelle Entspannung (nach Fuchs)

Die Funktionelle Entspannung hat mit dem Autogenen Training die konzentrierte Selbstentspannung und Selbstregulation gestörter Funktionen gemeinsam. Es fehlen aber die suggestiven Vorstellungen. Das Verfahren geht sehr stark auf die Persönlichkeit des Betroffenen ein, der bequem sitzt oder liegt.

Ihm werden vom Therapeuten »neutrale« Anregungen und Aufforderungen gegeben oder durch Auflegen der Hand gedeutet, z. B. »sich loslassen« oder »sich abgeben an die eigene Körper-Mitte«. Übende erleben dabei ihren Körper neu und bewußt, sie trainieren ihre Atmung und entdecken die Störquellen dort, wo sie im Körper wirken. Durch bestimmte Atemtechnik werden Verkrampfung und Verspannung gelöst.

Diese Technik eignet sich besonders gut gegen Funktionsstörungen (nervösen Magen) und Geschwüre und hat gegenüber dem Autogenen Training den Vorteil, daß während der zunehmenden körperlichen Selbsterfahrung schrittweise auch Unbewußtes und Probleme im Gespräch mit dem Therapeuten aufgedeckt werden, wobei aber der Kranke das Tempo dieses Dialogs selbst bestimmt[5].

11.4. Progressive Entspannung (nach Jacobson)

Auch dieses Übungsverfahren ist in den zwanziger Jahren entwickelt worden und beruht auf gezielter Selbstentspannung der Muskeln, das »In-sich-selbst-versenken« fehlt hier. Der Übende erlebt, daß die seelische Spannung eng an die der Muskulatur gebunden ist. Die Übungen werden im Liegen und bei geschlossenen Augen täglich ein bis zwei Stunden lang durchgeführt und durch gemeinsame Übungssitzungen mit dem Trainer verstärkt. Man kann alle Muskelgruppen des ganzen Körpers, aber auch gezielt nur bestimmte Muskelpartien entspannen. Der Übungsaufbau ist kompliziert, bis zum Beherrschen dieser Technik dauert es relativ lange. Sie ist aber sehr wirksam bei Oberbauchbeschwerden[6].

11.5. Hypnose

In leichter, oberflächlicher Hypnose werden heilend wirkende Suggestivverfahren oft besser wirksam. Sie sind sehr erfolgreich bei funktionellen Beschwerden und Geschwüren[7]. Im Zustand des Gerade-noch-wach-seins entstehen Müdigkeit, Ruhe und Verlangsamung aller Körperfunktionen, unter Umständen auch Wachträume. Jeder Mensch, der dazu bereit ist, kann in diesen Zustand versetzt werden. Die Hypnoseleistung liegt beim Hypnotisierten, der Behandler erleichtert ihm nur diese Aufgabe[8].
Hypnose kann im Sitzen, noch besser im Liegen durchgeführt werden. Besser als die *Faszinationsmethode,* bei der der Kranke direkt in die Pupillen des Behandlers schaut und ein hoher Grad von Abhängigkeit entsteht, ist die Methode, einen kleinen, glänzenden Gegenstand, z. B. eine Bleistiftspitze zu fixieren. Und zwar so lange, bis Ermüdung eintritt und sich die Augenlider schließen. In diesem fälschlich als »Heilschlaf« bezeichneten Ruhezustand laufen alle Körperfunktionen ruhig und gelöst ab.
Sehr gut eignet sich für die Hypnose auch die *Farbkontrastmethode.* Der Kranke fixiert eine Tafel, die Abbildungen in zwei Ergänzungsfarben (z. B. rot und grün, gelb und blau) trägt, so lange, bis Kontrastfarbenerscheinungen und Ermüdung auftreten.
Die Sitzungen dauern etwa eine Viertel- bis eine halbe Stunde. Zur Besserung sind bis zu 30 Sitzungen notwendig. Darüber hinaus ist kein Heilerfolg zu erwarten.
Hypnose sollte zur therapeutischen Anwendung nicht in Gruppen durchgeführt werden[9].

11.6. Gestufte Aktivhypnose[10]

Sie baut auf dem Autogenen Training auf. Nach dem Beherrschen der Schwere- und der Wärmeübung wird in die Hypnose übergeführt. Nun werden nach dem Muster des Autogenen Trainings »wandspruchartige Leitsätze« eingebaut. In der Art von »formelhaften (guten) Vorsätzen« können sie neue Fähigkeiten wecken, die vorher nicht mobilisiert werden konnten. Voraussetzung ist, daß ihre Inhalte positiv formuliert sind wie: »ich bin angenehm entspannt, ich fühle mich wohl«. Negativ besetzte Inhalte, wie: »ich habe keine Schmerzen«, nimmt das Unterbewußtsein nicht an.

12. Aufdeckende Psychotherapie

Bei den meisten der im Kapitel 11 angeführten Behandlungsformen wird den Ursachen der Oberbauchbeschwerden nicht nachgespürt. Es geht nur darum, mit Verhaltenstechniken oder Behandlungen das Symptom »Schmerz, Funktionsstörung oder Geschwür« in den Griff zu bekommen. Das gelingt in sehr vielen Fällen und reicht meist aus, um ein Wiederauftreten der Beschwerden zu verhindern. Wenn jedoch trotz Ausschaltung der leicht erkennbaren Ursachen, trotz Entspannungsübungen oder der Verwendung von Naturheilmitteln und Medikamenten die Magenbeschwerden weiterhin über längere Zeit andauern, sollte man überlegen, ob nicht eine genauere Befassung mit den psychischen Ursachen der Störung notwendig ist.

Dazu werden *aufdeckende psychotherapeutische Verfahren*[1] angeboten. Bei diesen Methoden besteht die Rolle des Therapeuten im wesentlichen darin, dem Patienten Hinweise zum Auffinden von Ursachen und Zusammenhängen anzubieten.
Die Verfahren beruhen meist auf der Grundannahme Sigmund Freuds, daß uns entscheidende Teile dessen, was in uns vorgeht, nicht bewußt sind. Dieses »Unbewußte« beeinflußt aber unsere Gefühle und unser Handeln und kann auch Krankheiten auslösen und verstärken.
Dieses »Unbewußte« soll nun in der Therapie »aufgedeckt« oder »bewußt gemacht« werden.
Die dafür notwendige positive Beziehung zwischen dem Therapeuten und dem Kranken entwickelt sich meist langsam. Wer sich zur aufdekkenden *(analytischen)* Psychotherapie entschließt, sollte bereit sein, sich aktiv mit den Problemen, deren Ursachen und Veränderungsmöglichkeiten zu befassen und auch die dafür notwendige Geduld aufbringen. Es kann daher sehr sinnvoll sein, auszuprobieren, ob eines der Psycho-

therapie-Verfahren zur Lösung der eigenen Probleme geeignet ist. Das geht am ehesten mit einer für kürzere Zeit – z. B. als Wochenendseminar – organisierten *Selbsterfahrungsgruppe*. Nach diesem ersten Kontakt mit therapeutischen Techniken, die auf der Auseinandersetzung mit den Konflikten und vergangenen Erlebnissen beruhen, wird die Entscheidung sicher leichter fallen.

Die meisten Therapieverfahren werden sowohl einzeln als auch in Gruppen durchgeführt. Die Gruppenarbeit hat Vorteile: Man lernt zusätzlich zum therapeutischen Verfahren durch das Gruppenerlebnis die Auseinandersetzung mit sozialen Situationen. Die Entscheidung darüber, ob eine Behandlung in Einzelsitzungen oder in der Gruppe mehr Erfolg verspricht, sollten Arzt und Betroffene gemeinsam fällen[2].

Meist werden Psychotherapien von selbständigen Psychotherapeuten angeboten. Es gibt dafür allerdings auch Institutionen – z. B. Institute für Psychotherapie oder psychotherapeutische Ambulatorien der Krankenkassen. Wenn Zweifel an der fachlichen Qualifikation eines Therapeuten bestehen, kann bei den entsprechenden Berufsverbänden nachgefragt werden.

Ein Problem bleibt leider offen: Psychotherapeutische Behandlungen werden zur Zeit von den Krankenkassen nur in der Bundesrepublik Deutschland und nur zeitlich begrenzt bezahlt. In der BRD ist bei langfristigen Behandlungen ein kompliziertes Antragsverfahren nötig. Es werden auch nur bestimmte Therapieverfahren bezahlt. Bei den örtlichen Ärztekammern kann erfragt werden, wer Behandlungen auf Krankenschein übernimmt. In Österreich gibt es derzeit noch keine verbindliche Regelung mit den Kassen. Nach dem österreichischen Ärztegesetz bekommen nur ausgebildete Psychiater psychotherapeutische Leistungen honoriert – auch wenn sie keine therapeutische Ausbildung haben. Andere Therapeuten können offiziell ihre Leistung nicht mit den Kassen verrechnen. Für den Patienten gibt es keinen Rechtsanspruch auf Kostenersatz.

12.1. Psychoanalyse

Die Psychoanalyse ist ein aufwendiges Verfahren zur Untersuchung und Behandlung seelischer Vorgänge, welche sonst kaum zugänglich sind,

und hat eine wenigstens teilweise Veränderung der Persönlichkeitsstruktur zum Ziel[3].
Sie dauert in der Regel mehrere Jahre und wird in drei bis fünf Therapiestunden pro Woche durchgeführt. Eine solche Therapie ist teuer und zeitaufwendig. Es sollte genau geprüft werden, ob nicht ein einfacheres Verfahren das gleiche Ziel erreichen kann. Am ehesten kann ein erfahrener Psychotherapeut beurteilen, ob eine Psychoanalyse angezeigt ist.

Bei der Psychoanalyse liegt der Patient auf der Couch, der Therapeut sitzt hinter ihm. Diese charakteristische Position soll das spontane Aussprechen von Gedanken und Assoziationen ohne längeres Überlegen erleichtern. In der Konfrontation mit Ereignissen der frühen Lebensgeschichte, beim Klären, Deuten, Bearbeiten und durch das Wiedererleben kann der Zusammenhang aktueller Probleme und Konflikte mit früheren Lebenssituationen bewußt gemacht werden und der / die Betroffene sich in der Folge damit auseinandersetzen. Im psychoanalytischen Durcharbeiten wird eine »neue Wirklichkeit« Schritt für Schritt ausgebaut, und neue Erlebens- und Verhaltensweisen werden eingeübt[4].
Ist die Behandlung erfolgreich, wird in der aktuellen Konfliktsituation das alte Problem nicht mehr unbedingt zum Auslöser der Oberbauchbeschwerden.

12.2. Psychodynamische Kurzzeittherapien

Sie unterscheiden sich von der Psychoanalyse vor allem durch die kürzere Dauer der Behandlung, durch die sitzende Position des Behandelten und durch andere theoretische Konzepte, die dem Therapeuten als Leitfaden der Behandlung dienen.
Ebenso wie bei der Psychoanalyse geht es jedoch um die Aufdeckung nicht bewußter psychisch beeinflussender und prägender Zusammenhänge. Ziel der *psychodynamischen Therapien* ist es im allgemeinen, die Dauer der Behandlung auf einige Monate zu beschränken und in dieser Zeit Einblicke in Teilbereiche der Konfliktursachen zu erarbeiten.

Eine große Zahl sinnvoller, wirksamer und wegen der überschaubaren Dauer und des relativ geringen Aufwandes zweckmäßiger Behandlungsverfahren werden in dieser Form von *Kurzzeitpsychotherapien* durchgeführt.

Es ist für den Ratsuchenden meist sehr schwer bis unmöglich, sich in der Unzahl der angebotenen therapeutischen Verfahren im Detail zu informieren. Wichtig ist, sich von einem gut ausgebildeten und qualifizierten Therapeuten beraten und behandeln zu lassen.

Die Fokaltherapie

wird in der Regel im Sitzen und nur einmal wöchentlich durchgeführt und umfaßt etwa 10–30 Behandlungsstunden. Im Gespräch mit dem Behandler werden Problemkreise der Lebenssituation der Betroffenen herausgearbeitet und ein bestimmter als »Fokus« (Brennpunkt) ausgewählt: jener Problemkreis, an dem sich am zwanglosesten die Krankheitssymptome und der daran beteiligte krankmachende Anteil des Unbewußten aufzeigen läßt. Damit gewinnen Betroffene Einsichten in einzelne handlungs- bzw. lebensbestimmende Motive[5].

Flashes

Die klassische psychoanalytische »Detektivtechnik« wird hier durch das Sich-Einstimmen des Arztes in die Problematik der bzw. des Kranken ersetzt. Das kann zu einem blitzartigen »Aha-Erlebnis« *(Flash)*, zu einer plötzlichen Einsicht der Betroffenen in Zusammenhänge zwischen Erkrankung und krankmachenden Bedingungen der Lebensgeschichte führen.

Flashes wirken in Sekundenschnelle und beziehen sich auf die gesamte Situation eines Menschen – nicht nur auf ein Teilproblem oder – wie die klassische Analyse – auf den unbewußten Anteil. Flashes stärken das Ich und geben Betroffenen damit eine Chance für eine Neuorientierung. Sie sind bei psychosomatischen Beschwerden wie Oberbauchschmerzen sehr erfolgreich[6].

Die Flash-Therapie ist keine eigentliche Methode. Der gut ausgebildete praktische Arzt kann Flashes anwenden, wenn er im Lauf des therapeutischen Gespräches fähig ist, sich in den Kranken einzufühlen.

12.3. Analytische Gruppenpsychotherapien

Es gibt viele verschiedene Schulen mit verschiedenen Behandlungskonzepten für Gruppen. Hier können nur einige genannt werden.

Gestalttherapie
Hier wird man in Gruppen dazu angeregt, auch starke Gefühle (Affekte) auszuleben. Das kann die Auseinandersetzung mit sich selbst und mit den anderen fördern und das Bewältigen von Problemen erleichtern. In der Behandlung von Kindern wird häufig die der Gestalttherapie verwandte *Spieltherapie* angewendet[7].

Rollenspiel (Psychodrama)
Durch das Übernehmen bestimmter Rollen in der Gruppe werden persönlichkeitsspezifische Konflikte offenbar und aufgehellt[8].

Im *Psychoanalytischen Gruppengespräch*
wird frei assoziiert und phantasiert wie im Einzelgespräch, wodurch verborgene Konflikte auftauchen und der Deutung, Bearbeitung und dem Bewußtmachen zugänglich werden. Der Therapeut verhält sich sehr zurückhaltend, konzentriert sich auf die unbewußten Gruppenphantasien, kann aber auch auf aktuelle Einzelprobleme eingehen.
Die Gruppe sollte etwa acht Personen umfassen. Am erfolgreichsten sind sogenannte geschlossene Gruppen, deren Mitglieder nicht wechseln. Häufiger wird allerdings Gruppentherapie in sogenannten halboffenen Gruppen, in denen gelegentlich ausscheidende Gruppenmitglieder durch neue ersetzt werden, durchgeführt.
Inhomogen zusammengesetzte Gruppen, deren Mitglieder an verschiedenen psychosomatischen und psychoneurotischen Krankheiten leiden, sind im allgemeinen am erfolgreichsten[9].

Die Gruppenpsychotherapie ist eine nachhaltig wirksame, weniger zeitaufwendige und daher langfristig gesehen relativ billige Methode der erfolgreichen Behandlung von Oberbauchbeschwerden[10]. Sie sollte allerdings ausschließlich von analytisch ausgebildeten Therapeuten durchgeführt werden.

12.4. Selbsthilfegruppen

Bei vielen Erkrankungen haben sich bereits Selbsthilfegruppen bewährt. Der gegenseitige Austausch der (Krankheits-)Erlebnisse und der persönlichen Bewältigung sowie die weitere Entwicklung der Beziehungen untereinander können einen positiven Einfluß auf den Krankheitsverlauf haben bzw. widerstandsfähiger machen gegen sein Wiederaufflackern [11]. In der Atmosphäre von Solidarität und teilnehmender Unterstützung wird Raum geschaffen für persönliche Entfaltung und das Aufarbeiten von Fehlverhalten.

12.5. Partner- und Familientherapie

Die Ursachen für psychische Probleme und damit auch für Oberbauchbeschwerden können auch im Zusammenleben der Menschen liegen.
Veränderungen von Elementen des Zusammenlebens können daher sinnvoll sein.
Es gibt eine große Zahl von Therapieverfahren, die den / die Lebenspartner/in bzw. alle in einem Haushalt lebenden Personen einbeziehen und mit den verschiedensten Methoden zu einer Konfliktlösung beitragen können.
Ein guter Arzt, der die Familiensituation kennt, kann darüber Auskunft geben, ob er eine solche Behandlung für sinnvoll hält und wo sie durchgeführt werden kann [12].

13. Medikamente

Zur Bewertung der Medikamente

Die Empfehlungen zu den im folgenden angeführten meistverwendeten Magenmitteln stützen sich auf die im Buch »Bittere Pillen«[1] erarbeitete Methodik.

Therapeutisch zweckmäßig bedeutet, daß nach Angaben der Gutachter und der verwendeten Fachliteratur der zu erwartende Nutzen des Präparats unter bestimmten, im Text erläuterten Voraussetzungen in einem sinnvollen Verhältnis zu den Risiken steht, die jedes wirksame Arzneimittel hat.

Die Empfehlung *nur zweckmäßig bei*... wurde abgegeben, wenn nach Ansicht der Gutachter und laut der verwendeten Fachliteratur Einschränkungen in der therapeutischen Wirksamkeit gegeben sind. Die Begründung dafür findet sich im Text.

Wenig zweckmäßig: Diese Empfehlung wurde abgegeben, wenn
- die Wirkung des Medikaments nicht zweifelsfrei belegt, das Risiko jedoch relativ gering ist; und / oder
- andere, geeignetere, besser erprobte oder weniger risikoreiche Medikamente angeboten werden; und / oder
- grundsätzlich Behandlungsmethoden ohne Medikamente sinnvoller wären, aber dennoch mit den Arzneimitteln eine gewisse Linderung erzielt werden kann.

Abzuraten bedeutet, daß es nach Ansicht der Gutachter und der verwendeten Fachliteratur zweifelhaft ist, ob die mögliche Wirksamkeit und das zu erwartende Risiko beim betreffenden Präparat in einem sinnvollen Verhältnis zueinander stehen.

Die folgenden Empfehlungstabellen gliedern sich in Anwendungsbereiche und in zwei Teile: Die meistverwendeten Präparate, die nur einen

Wirkstoff bzw. die sinnvolle Kombination zweier Wirkstoffe enthalten, werden nach Substanzgruppen zusammengefaßt und jeweils ausführlich besprochen. Die Kombinationspräparate werden in der Übersichtstabelle zusammengefaßt.

Hinweise zum richtigen Umgang mit Medikamenten[2]

1) Medikamente werden nur für Ihr gegenwärtiges gesundheitliches Problem verordnet. Sie dürfen nicht für andere Probleme verwendet oder an andere Personen weitergegeben werden.
2) Wenn Sie andere Medikamente zusätzlich verwenden, sollten Sie das auf jeden Fall mit Ihrem Arzt besprechen.
3) Wenn Sie durch die folgenden Informationen beunruhigt sind oder weitere Informationen über das Medikament haben wollen, dann holen Sie die Meinung mehrerer Ärzte ein.
4) *Ihr Arzt oder Apotheker sollte über Folgendes informiert sein:*
- ob Sie je auf das Mittel, das Ihnen jetzt verordnet wird oder ein anderesmal gegen diese Beschwerden von Ihnen eingenommen wurde, allergisch reagiert haben;
- ob Sie eine Diät einhalten müssen;
- ob Sie schwanger sind oder stillen. Beachten Sie die Hinweise, ob das Präparat in der Schwangerschaft oder Stillzeit eingenommen werden darf (siehe Kapitel 13.7., Seite 122f.)
- ob und wann Sie Beschwerden haben, die Sie auf die Einnahme des verordneten Mittels zurückführen.

5) Nehmen Sie die Mittel genau nach Verordnung mit einem Glas Wasser ein.
6) Bewahren Sie die Medikamente kühl und trocken und für Kinder unzugänglich auf. Medikamentenbehälter im Badezimmer sind nicht sinnvoll, weil Wärme und Feuchtigkeit das Mittel zersetzen können.
7) Beachten Sie den Hinweis, ob das Mittel die Konzentration einschränkt und deshalb das Lenken von Kraftfahrzeugen oder das Bedienen komplizierter Maschinen gefährlich werden kann.
8) Entsorgen Sie den Medikamentenschrank von Mitteln, die nicht mehr eingenommen werden müssen und deren Haltbarkeitsdatum abgelaufen ist. Apotheken nehmen in der Regel Altmedikamente entgegen.

13.1. Säurebindende Mittel (Antazida)

Wirkung und Empfehlung:
Antazida binden die überschüssige Säure im Magen und wirken gegen Übersäuerung. Richtig dosiert haben sie vor allem den Vorteil, die Schmerzen zu lindern bei Sodbrennen, bei Entzündung der Schleimhaut in der Speiseröhre und im Magen, bei Geschwüren in Speiseröhre, Magen und Zwölffingerdarm. Auch ist in der Regel ihre Wirksamkeit auf Magen und Darm beschränkt. Sie beschleunigen die Heilung von Geschwüren.
Antazida gelten deshalb als *Standardmittel* gegen säurebedingte Erkrankungen. Ihre vorbeugende Wirkung gegen das Wiederauftreten von Geschwüren ist aber umstritten[3].

Antazida müssen ausreichend hoch dosiert werden, um zu wirken. Als Zeichen dafür gilt Linderung und Aufhören der Schmerzen. Die meisten Antazida sind allerdings viel zu niedrig dosiert. Nur bei den Präparaten *Maalox, Maaloxan forte Tabl.* und *Gastropulgit* stimmt die vom Hersteller angegebene Dosierung mit der optimalen säurebindenden Wirkung überein[4].

Vor der Einnahme von Antazida zu beachten:

Informieren Sie Ihren Arzt, wenn Sie an einer der folgenden Beschwerden leiden:
- Anzeichen von Blinddarmentzündung
- Darmentzündung, Durchfall, Darmblutung
- Verstopfung, Darmverschluß
- künstlicher Darmausgang
- Knochenbrüche
- Herzkrankheit
- Bluthochdruck
- Nierenerkrankung
- Leberleiden
- Schwangerschaftsvergiftung
- Schilddrüsenerkrankung
- und über alle Medikamente, die Sie einnehmen (müssen), auch solche, die rezeptfrei erhältlich sind, insbesondere aber Mittel, die fol-

gende Wirkstoffe enthalten: Atropin, Chlorazepat, Cimetidin, Diflunisal, Digoxin, Hyazin, Salizylate, Tetrazykline. Diese Medikamente können mit Antazida Wechselwirkungen eingehen. Die Aufnahme anderer Arzneimittel kann – vor allem, wenn man sie zwei Stunden nach Antazida einnimmt – behindert werden.

Nehmen Sie das Mittel ein:
- genau nach Verschreibung des Arztes
- 1–3 Stunden nach den Mahlzeiten und knapp vor dem Zubettgehen
- die gesamte Zeit der Behandlung

Nehmen Sie das Medikament nicht ein:
- bei Anzeichen von Blinddarm- oder Darmentzündung
- länger als zwei Wochen ohne weiteres Gespräch mit dem Arzt.

Aluminium-Magnesium-haltige Antazida

Alucol Gel, Tabl. (Ö),
Gelusil Lac, Pulv., Tabl. (BRD),
Gastropulgit Susp., Gel, Tabs. (BRD),
Maalox Susp. (BRD),
Maaloxan forte Tabl. (BRD),
Riopan Gel, Tabl. (BRD),
Talcid Kautabl. (BRD),
Tepilta Susp., Tabl., (BRD/Ö)

Wirkung und Empfehlung:
Die fixe Kombination beider Substanzen ist sinnvoll, weil sie gegenseitig die unerwünschten Wirkungen (Verstopfung, Durchfall) aufheben[5]. Diese Mittel sind bei säurebedingten Magenbeschwerden und Geschwüren *therapeutisch zweckmäßig.* Sie sind nicht rezeptpflichtig.

Nebenwirkungen sind sehr selten, treten aber häufiger auf bei hoher Dosierung, Langzeiteinnahme und wenn die Mittel von Nierenerkrankten eingenommen werden.

Unerwünschte Wirkungen, die manchmal auftreten, die jedoch von selbst vergehen können und üblicherweise keiner ärztlichen Behandlung bedürfen:
- milde Verstopfung oder Durchfall
- Übelkeit und Erbrechen
- weißliche Verfärbung des Stuhls
- Magenkrämpfe

Informieren Sie Ihren Arzt so bald wie möglich, wenn eine der folgenden Nebenwirkungen auftritt:
- Knochenschmerzen
- langdauernde, starke Verstopfung
- Harndrang, Schwierigkeiten und Schmerzen beim Harnlassen
- Schwindel und Benommenheit
- Atmungsveränderung
- unregelmäßiger Herzschlag
- Appetitverlust, Gewichtsverlust
- Muskelschwäche
- Anschwellen der Gelenke
- ungewöhnliche Müdigkeit und Schwäche

Andere Antazida

Die möglichen Nebenwirkungen gelten als die wichtigsten Unterscheidungsmerkmale der Antazida. *Kalziumkarbonat* und *Aluminiumhydroxid* wirken stopfend, *Magnesium-haltige* Verbindungen abführend. Je nach Stuhlbeschaffenheit können diese Antazida kombiniert werden. Insgesamt sind die Nebenwirkungen gering, sehr selten schwer. Knochenschmerzen, Schwierigkeiten und Schmerzen beim Harnlassen, dauernder Harndrang, Muskelschmerzen, andauende Kopfschmerzen oder starkes Herzklopfen können Anzeichen der relativ selten auftretenden schwereren Nebenwirkung von Antazida sein. In solchen Fällen sollte man einen Arzt aufsuchen[6].

Bei den Mitteln, die *Natriumverbindungen* enthalten (z. B. in *Antacidum Pfizer, Kompensan, Tepilta*) kann, wenn sie öfter als einmal täglich eingenommen werden, die Natriummenge für Menschen mit zu hohem Blutdruck, Herz- und Nierenstörungen, Leberschrumpfung oder für jene, die salzarme Diät einhalten müssen, gefährlich werden[7].

Viele Säurebinder sind in fixer Kombination mit anderen Wirkstoffen im Handel, wie z. B. Wismutsalze (z. B. in *Spasmo Nervogastrol*), Milchpräparate (z. B. in *Gelusil Lac, Lac 4, Ulgastrin Lac*), Dimethylpolysiloxan, Kamille und Enzyme (siehe auch Kap. 13.6., Andere Magenmittel, Seite 111). Sie sind wenig sinnvoll, ihre Wirksamkeit ist umstritten[8]. Milch ist nicht nur ohne therapeutische Wirkung, sondern führt sogar zu gesteigerter Säureproduktion. Besondere Bedenken gelten gegenüber krampflösenden Zusätzen[9].

Übersicht: Andere Antazida

Präparat	Wichtigste Nebenwirkungen	Empfehlung
Acidrine (BRD/Ö) Kautabl. Myrtecainlaurylsulfat, Dihydroxyaluminiumglycinat, Galactansulfat *Rezeptpflichtig (Ö)*	Selten allergische Erscheinungen, Störungen der Knochenbildung, Verminderung der Aufnahme von anderen Arzneimitteln, Vorsicht bei schlecht funktionierenden Nieren (Insuffizienz)	**Abzuraten** Wenig sinnvolle Kombination von einem säurebindendem Mittel (Aluminiumverbindung) mit z. B. einem örtlich wirkendem Betäubungsmittel (Myrtecain). Siehe auch Text Seite 85
Andursil Liqu. (BRD) Susp. Aluminiumhydroxid, Magnesiumhydroxid, Dimeticon	Verminderung der Aufnahme anderer Arzneimittel	**Wenig zweckmäßig** bei den vom Hersteller angegebenen Anwendungsgebieten (Gastritis, Magen- und Zwölffingerdarmgeschwür, Reflux). Wenig sinnvolle Kombination von säurebindenden Mitteln (Aluminium- und Magnesiumhydroxid) und entschäumendem Mittel. Siehe auch Text Seite 85
Gelusil (BRD/Ö) Lac Pulver, Lac Tabl. Aluminium-magnesium-silicathydrat, Milchpulver	Störungen der Knochenbildung, Verminderung der Aufnahme von anderen Arzneimitteln, Vorsicht bei schlecht funktionierenden Nieren (Insuffizienz), Nierensteinbildung möglich	**Wenig zweckmäßig** Die Kombination von säurebindenen Mitteln mit Milchpulver hat keine therapeutischen Vorteile, kann aber die Säurebildung anregen. Siehe auch Text Seite 85

Präparat	Wichtigste Nebenwirkungen	Empfehlung
Kompensan (BRD) Tabl. Aluminium-natriumcarbonat-dihydroxid	Verstopfung, Störungen der Knochenbildung, Verminderung der Aufnahme von anderen Arzneimitteln, Vorsicht bei schlecht funktionierenden Nieren (Insuffizienz) und Bluthochdruck	**Therapeutisch zweckmäßig nur wenn** eine kochsalzarme Diät nicht notwendig ist (enthält Natriumsalz) Säurebindendes Mittel. Siehe auch Text Seite 85
Kompensan-S (BRD) Forte-Susp., Fortetabl. Aluminium-natrium-carbonat-dihydroxid, Aluminiumoxid, Magnesiumhydroxid	Störungen der Knochenbildung, Verminderung der Aufnahme von anderen Arzneimitteln. Durchfall und Verstopfung möglich. Vorsicht bei schlecht funktionierenden Nieren (Insuffizienz)	**Therapeutisch zweckmäßig** Kombination von stopfend (Aluminium) und abführend (Magnesium) wirkenden säurebindenden Mitteln. Nicht geeignet bei kochsalzarmer Diät (enthält Natriumsalz). Siehe auch Text Seite 85
Lac 4 (BRD) Tabl. Aluminium-magnesium-silicathydrat, Milchpulver, Dimeticon	Störungen der Knochenbildung, Verminderung der Aufnahme anderer Arzneimittel, Vorsicht bei schlecht funktionierenden Nieren (Insuffizienz)	**Wenig zweckmäßig** Die Kombination von säurebindenden Mitteln und Milchpulver mit einem entschäumenden Mittel (Dimeticon) hat keine therapeutischen Vorteile. Milchpulver kann die Säurebildung anregen. Siehe auch Text Seite 85
Phosphalugel (BRD / Ö) Gel, Suspension Aluminiumphospat	Vorsicht bei schlecht funktionierenden Nieren (Insuffizienz). Verminderung der Aufnahme von anderen Arzneimitteln	**Nur zweckmäßig wenn** andere säurebindende Mittel nicht angewendet werden können. Sehr schwache Wirksamkeit. Siehe auch Text Seite 85
Rabro-Magen-Gel (Ö) Gel Kalziumkarbonat, Magnesium-Aluminiumsilicat, Dimeticon	Vorsicht bei schlecht funktionierenden Nieren (Insuffizienz). Verminderung der Aufnahme anderer Arzneimittel	**Wenig zweckmäßig** bei den vom Hersteller angegebenen Anwendungsbereichen (säurebedingte Erkrankungen). Wenig sinnvolle Kombination von säurebindenden Mitteln (Calziumcarbonat, Magnesiumaluminiumsilicat) und entschäumendem Mittel (Dimeticon). Siehe auch Text Seite 85
Rennie (BRD) Tabl. Magnesiumcarbonat, Kalziumcarbonat	Vorsicht bei schlecht funktionierenden Nieren (Insuffizienz), Nierensteinbildung möglich	**Nur zweckmäßig wenn** andere säurebindende Mittel nicht angewendet werden können. Schwach wirksam. Siehe auch Text Seite 85

Präparat	Wichtigste Nebenwirkungen	Empfehlung
Solu Vetan (BRD) Tee verschiedene pflanzliche Inhaltsstoffe, u. a. Extract. Rad. Liquir., Guajazulen	Bei Überdosierung Störungen des Salzhaushaltes	**Wenig zweckmäßig** Nicht sinnvolle Kombination. Tees können bei Magenbeschwerden lindernd wirken. Die Behandlung von Magengeschwüren ist mit dem reinen Wirkstoff aus Extr. Rad. Liquir. (Carbenoxolon) zuverlässig durchführbar. Siehe auch Text Seite 85
Solugastril (BRD/Ö) Gel, Tabl. Aluminiumhydroxid, Calciumcarbonat	Verstopfung, Störungen der Knochenbildung, Verminderung der Aufnahme von anderen Arzneimitteln, Vorsicht bei schlecht funktionierenden Nieren (Insuffizienz), Nierensteinbildung möglich	**Wenig zweckmäßig** Wenig sinnvolle Kombination zweier stopfend wirkender Antazida (säurebindender Mittel). Siehe auch Text Seite 85
Spasmo Nervogastrol (BRD) Tabl. Butinolin, Kalziumcarbonat, Wismut	Mundtrockenheit, Sehstörungen, Verminderung der Aufnahme anderer Arzneimittel, Nierensteinbildung möglich	**Abzuraten** Wenig sinnvolle Kombination von krampflösendem Mittel (Butinolin) mit säurebindendem Mittel (Kalziumcarbonat) und Wismut (fragliche Wirksamkeit bei Geschwüren). Siehe auch Text Seite 85
Spasmo Solugastril (BRD) Gel, Tabl. Aluminiumhydroxid, Kalziumcarbonat, Butinolphosphat	Mundtrockenheit, Sehstörungen, Störungen der Knochenbildung, Verminderung der Aufnahme anderer Arzneimittel, Nierensteinbildung möglich	**Abzuraten** Wenig sinnvolle Kombination von krampflösendem bzw. Magensäure-verminderndem Mittel (Butinolphosphat) mit säurebindenden Mitteln (Aluminiumhydroxid, Kalziumcarbonat). Siehe auch Text Seite 85
Tepilta (BRD/Ö) Suspension, Tabl. Oxetacain, Aluminiumhydroxid, Magnesiumhydroxid, in BRD zusätzlich: Benzoesäure, Natriumbenzoat *Rezeptpflichtig (BRD/Ö)*	Störungen der Knochenbildung, Verminderung der Aufnahme von anderen Arzneimitteln, Vorsicht bei Nierenstörungen	**Abzuraten** Wenig sinnvolle Kombination von säurebindenden Mitteln (Aluminium- und Magnesiumhydroxid) mit lokal wirkendem Schmerzmittel (Oxetacain). Siehe auch Text Seite 85

Präparat	Wichtigste Nebenwirkungen	Empfehlung
Ulcolind N (Ö) Tabl. Wismutaluminat, Magnesiumsilicat, Lakritzensaft	Vorsicht bei schlecht funktionierenden Nieren (Insuffizienz) Verstopfung möglich. Bluthochdruck, Ödeme	**Abzuraten** Wenig sinnvolle Kombination von Wismut (dessen Wirkung fraglich ist), einem säurebindenden Mittel (Magnesiumsilicat) und pflanzlichem Auszug (Lakritze). Siehe auch Text Seite 85
Ulgastrin Lac (BRD/Ö) Tabl. Calziumkarbonat, Magnesiumhydroxid, Wismutnitrat, Milchpulver	Vorsicht bei schlecht funktionierenden Nieren (Insuffizienz) Verminderte Aufnahme anderer Arzneimittel	**Abzuraten** Nicht sinnvolle Kombination von säurebindenden Mitteln (Kalzium- und Magnesiumsalze), Wismut und Milch. Die Wirkung von Wismut ist fraglich. Milchpulver kann die Säureproduktion fördern. Siehe auch Text Seite 85

Wichtig: Ein Medikament, das als *therapeutisch zweckmäßig* eingestuft wurde, sollte keinesfalls bedenkenlos eingenommen werden. Wenn ein Medikament als *abzuraten* oder *wenig zweckmäßig* bewertet wird, bedeutet das nicht unbedingt, daß Sie sofort aufhören sollen, es einzunehmen. Sprechen Sie mit einem Arzt Ihres Vertrauens darüber.

13.2. Säurehemmende Mittel

13.2.1. H2-Blocker: Neutromed, Pepdul, Sostril, Tagamet, Zantac, Zantic

Wirksamkeit und Empfehlung:

Die Substanzen Cimetidin (z. B. in *Tagamet*) und Ranitidin (z. B. in *Sostril*) wirken nach Ansicht der meisten Fachleute sehr ähnlich. Sie bremsen die Säureausschüttung und beschleunigen dadurch die Abheilung eines Geschwürs. Beide Substanzen sind bei der etwa 4–6 Wochen dauernden Behandlung des akuten Geschwürs und auch bei der vorbeugenden Behandlung gegen Rückfälle etwa gleich wirksam[10]. Deshalb gibt es nach Ansicht der Medizin-Zeitschrift »arznei-telegramm« »keinen Grund«, das neue Konkurrenzpräparat Famotidin (z. B. in *Pepdul*), von dem umfangreiche Erfahrungen noch fehlen, »als Alternative einzusetzen«[11].

Wegen der noch nicht abzusehenden Risiken sollten alle H2-Blocker eingesetzt werden:
- bei nachgewiesenem Geschwür mit ausgeprägten Schmerzen
- bei langer Vorgeschichte des Geschwürs und häufigen Rückfällen
- wenn Medikamente eingenommen werden müssen, die zu Geschwüren führen können
- bei Komplikationen wie z. B. Blutungen.
- Zur Langzeitvorbeugung nur bei hohem Operationsrisiko[12]

Es ist bis jetzt nicht erwiesen, daß diese Mittel die Entstehung von Magenkrebs fördern[13]. Die Behandlung mit H2-Blockern kann möglicherweise zu einer Belastung der Magenschleimhaut mit Substanzen führen, die unter Umständen krebserregend sind (N-nitroso-Verbindungen). Falls diese Substanzen tatsächlich das Krebsrisiko erhöhen, so ist diese Risikosteigerung sicher bei einer Langzeittherapie weit größer und kann für alle ähnlichen Stoffe gleichermaßen angenommen werden. Die übliche kurzdauernde Akutbehandlung scheint nicht riskant zu sein, folgert jedenfalls das britische Fachblatt »drug and therapeutics bulletin«[14].

Bei der Einnahme von H2-Blockern zu beachten:

Informieren Sie Ihren Arzt vor der Einnahme, wenn Sie
- an einer Nierenerkrankung oder
- an einer Lebererkrankung leiden
- eine salz- bzw. zuckerarme Diät einhalten müssen
- und über alle Medikamente, die Sie einnehmen (müssen), auch solche, die rezeptfrei erhältlich sind (z. B. Grippemittel). Viele Arzneimittel können die Wirkung von Cimetidin und Ranitidin verstärken, vermindern oder beeinträchtigen.

Einnahme:
- Am wirksamsten und einfachsten einzunehmen ist die einmalige Dosis des H2-Blockers vor dem Zubettgehen.
- Wenn Sie das Mittel mehrmals am Tag einnehmen müssen, erreicht es die beste Wirkung gemeinsam mit Mahlzeiten und vor dem Zubettgehen.

- Rauchen beeinträchtigt die Wirkung des Medikaments, man sollte möglichst ganz darauf verzichten, unbedingt aber nach Einnahme der letzten Abenddosis.
- Wenn Sie zugleich Antazida einnehmen müssen, sollte dies im Abstand von mindestens einer Stunde getan werden.
- Wenn Sie eine Dosis einzunehmen vergessen haben, sollte dies möglichst rasch nachgeholt werden. Ist die Zeit bis zur nächsten Einnahme aber verstrichen, sollte darauf ganz verzichtet werden.

Cimetidin

Cimetag Filmtabl. (Ö),
Neutromed Filmtabl. (Ö),
Neutromed Amp. (Ö),
Tagamet Filmtabl., Injektionslsg. (BRD/Ö),
Rezeptpflichtig

Unerwünschte Wirkungen, die relativ häufig auftreten und gewöhnlich keiner ärztlichen Behandlung bedürfen. Sie können nach einiger Zeit von selbst zurückgehen. Dennoch ist es sinnvoll, den Arzt zu informieren, wenn eine der folgenden Beschwerden auftritt:

- Verminderte Sexualkraft (besonders bei hoher Dosis über längere Zeit)
- Durchfall
- Kopfweh und Schwindel
- Muskelkrämpfe und -schmerzen
- Hautausschlag
- anschwellende und schmerzende Brust (bei Frau und Mann).

Nebenwirkungen, die seltener auftreten können. Wenn sie jedoch bemerkt werden, sollte man so bald als möglich den Arzt aufsuchen:

- Verwirrtheit (speziell bei Älteren und/oder sehr Kranken oder bei hoher Dosis)
- Halsschmerzen und Fieber
- unübliche Blutungen oder Ödeme
- unübliche Müdigkeit und Schwäche

Auch andere Nebenwirkungen können manchmal auftreten. Sie sollten mit dem Arzt besprochen werden.

Ranitidin

Sostril Filmtabl., Amp. (BRD),
Zantac Filmtabl., Amp. (Ö),
Zantic Filmtabl., Amp., (BRD),
Rezeptpflichtig

Unerwünschte Wirkungen, die relativ selten und eher bei älteren Personen mit Nieren- oder Lebererkrankungen auftreten. Sie bedürfen gewöhnlich keiner ärztlichen Behandlung. Sie können nach einiger Zeit von selbst zurückgehen. Dennoch ist es sinnvoll, den Arzt zu informieren, wenn eine der folgenden Beschwerden auftritt:
- Verstopfung, Durchfall
- Kopfweh und Schwindel
- Erbrechen
- Hautausschlag
- Magenschmerzen

Nebenwirkungen, die selten auftreten können; wenn sie jedoch bemerkt werden, sollte man so bald wie möglich den Arzt aufsuchen:
- Verwirrung (besonders bei älteren und kranken Personen)
- Halsschmerzen und Fieber
- ungewöhnlich langsamer oder beschleunigter Herzschlag
- ungewöhnliche Müdigkeit und Schwäche

Auch andere Nebenwirkungen können manchmal auftreten, man sollte sie mit dem Arzt besprechen.

Famotidin

Pepdul mite Filmtabl. (BRD),
Pepdul i. v. (BRD),
Rezeptpflichtig

Wirksamkeit und Empfehlung:
Dieses Mittel aus der Gruppe der H2-Blocker ist erst seit 1986 in der BRD zugelassen. Es hat eine etwas längere säurehemmende Wirkung, aber ansonsten offenbar die gleichen Wirkungseigenschaften und keine bessere Verträglichkeit. Hinweise auf möglicherweise geringere Wechselwirkungen mit anderen Medikamenten sind ebensowenig erprobt wie

Langzeit-Störwirkungen. Unter Abwägung von Nutzen und Risiko ist ein erprobtes Mittel vorzuziehen[15].

13.2.2. Antimuscarinicum Pirenzepin

Gastri P50 Tablinen, Tabl. (BRD),
Gastrozepin Tabl. (BRD/Ö),
Pirehexal Tabl. (BRD),
Pirenzepin Ratiopharm Tabl. (BRD),
Ulcoprotect Tabl. (BRD),
Ulgescum Tabl. (BRD),
Rezeptpflichtig

Wirksamkeit und Empfehlung:
Dieses Mittel hemmt die Magensäureproduktion und die Magenbewegung. Es wirkt nur in hohen Dosen schmerzlindernd bei säurebedingten Schleimhautschäden und Geschwüren im Magen und Zwölffingerdarm. Pirenzepin beschleunigt die Heilung. Ob es für die Vorbeugung geeignet ist, ist noch nicht geklärt[16].
Dieses Mittel ist billiger als die H2-Blocker. Es gilt auch als Alternative, wenn Antazida und H2-Blocker wegen ihrer Nebenwirkungen nicht eingesetzt werden können.

Einnahme:
Dieses Mittel sollte morgens und abends je eine halbe Stunde vor der beabsichtigten Mahlzeit eingenommen werden.

Unerwünschte Wirkungen, die gewöhnlich keiner ärztlichen Behandlung bedürfen. Sie können nach einiger Zeit von selbst zurückgehen. Dennoch ist es sinnvoll, den Arzt zu informieren, wenn eine der folgenden Beschwerden auftritt:
häufig:
- Mundtrockenheit
- Anpassungsstörungen des Auges beim Nahesehen
- Müdigkeit, Schläfrigkeit

selten:
- Durchfälle
- Verlust an Sexualfreude
- Magenkrämpfe

Nebenwirkungen, die seltener auftreten, wenn sie jedoch bemerkt werden, sollte man so bald wie möglich den Arzt aufsuchen:
- Verwirrtheit, Halluzination
- Überreaktion
- Fieber
- beschleunigter Herzschlag.

13.3. Schleimhautschutzmittel

13.3.1. Sucralfat

Sucralfat Hexal Tabl., (BRD)
Sucralfat-ratiopharm 2000 Tabl., (BRD)
Ulcogant Tabl., Gran., (BRD/Ö)
Rezeptpflichtig

Wirksamkeit und Empfehlung:
Dieses Mittel reguliert die Magensaftproduktion und schützt die erkrankte Schleimhaut. Es ist zur Behandlung bei Magen- und Zwölffingerdarmgeschwüren *therapeutisch zweckmäßig.* Bei Gastritis und Blutungen ist seine Wirksamkeit noch unzureichend geprüft. Eine vorbeugende Einnahme ist umstritten[17].

Einnahme:
Informieren Sie vor der Einnahme Ihren Arzt, wenn Sie an Nierenschäden leiden oder Medikamente folgender Arzneimittelgruppen einnehmen: Antazida, Cimetidin, Phenytoin, Tetrazykline, Vitamin A, D, E und K.

Nehmen Sie das Mittel ein:
- genau nach Verschreibung und für die gesamte Dauer der Behandlung, aber nicht länger als acht Wochen
- mit Wasser und auf nüchternen Magen, eine Stunde vor der beabsichtigten Mahlzeit und beim Zubettgehen.

Unerwünschte Wirkungen, die gewöhnlich keiner ärztlichen Behandlung bedürfen. Sie können nach einiger Zeit von selbst zurückgehen. Dennoch ist es sinnvoll, den Arzt zu informieren, wenn eine der folgenden Beschwerden auftritt:
relativ häufig:
- Verstopfung

seltener:
- Rückenschmerzen
- Durchfall, Verdauungsstörungen
- Erbrechen
- Schwindel, Benommenheit
- Schläfrigkeit
- juckender Hautausschlag
- Magenkrämpfe.

13.3.2. Prostaglandin Misoprostol

Cytotec Tabl., (BRD)
Cytotec mite Tabl., (BRD)
Rezeptpflichtig

Wirksamkeit und Empfehlung:
Dieses Mittel ist neu auf dem Markt. Es hemmt die Säureproduktion weniger gut als die H2-Blocker, fördert die Reifung der Magenschleimhaut und beschleunigt die Heilung von Geschwüren. Es lindert die Schmerzen bei Schleimhautentzündungen. Die vermutete schleimhautschützende Wirkung dieses Mittels ist bis jetzt nicht erwiesen.

Die *Nebenwirkungen* sind schwerwiegend. Neben relativ häufigen Oberbauchbeschwerden, Durchfall und Schlaflosigkeit kann es auf die Gebärmutter wirken (Prostaglandine werden zum Schwangerschaftsabbruch und zur Weheneinleitung eingesetzt) und darf deshalb nicht von Frauen, die schwanger sind oder werden wollen oder die stillen, eingenommen werden. Es steht im Verdacht, krebserregend zu sein. Von der Einnahme dieses Mittels muß daher *abgeraten* werden[18].

13.4. Krampflösende und beruhigende Mittel

Jeder länger andauernde Oberbauchschmerz sollte vom Arzt untersucht werden, weil er ein Anzeichen für eine schwerwiegende organische Erkrankung sein kann. Die unkritische Einnahme von krampflösenden Medikamenten kann eine Diagnose erschweren.
Bei der Behandlung funktioneller Bauchschmerzen (siehe Kapitel 4., Seite 24) können Placebos, also Scheinmittel ohne Wirkstoff, bei über 35 Prozent der Leidenden zumindest kurzfristig schmerzlindernd wirken. Daß im Gegensatz dazu krampflösende Mittel einen »nachhaltigen klinischen Nutzen« hätten, »ist kaum zweifelsfrei belegt«, betont die Schweizer Fachzeitschrift »pharmakritik«[19].

Die meisten sogenannten krampflösenden Mittel enthalten eine Vielzahl von Inhaltsstoffen. Solche Kombinationspräparate haben jedoch meist mehr Nachteile als Vorteile: Ihr größter Nachteil ist, daß die für den jeweiligen Patienten sinnvollste Menge eines Wirkstoffes nicht eingenommen werden kann, ohne gleichzeitig die Dosierung der anderen Inhaltsstoffe zu verändern. Damit steigt das Risiko für Nebenwirkungen[20].

Buscopan (= N-Butylscopolaminium)
ist das Mittel der Wahl gegen Magenkrämpfe, wenn der Arzt es injiziert oder wenn es in Form von Zäpfchen angewendet wird. Durch den Mund eingenommen ist es »bekanntlich wirkungslos«, schreibt der Berliner »Arzneimittelbrief«[21].
Trotzdem sind *Buscopan*-Dragees und Tabletten – auch in Kombination mit anderen Wirkstoffen (z. B. in *Buscopan-plus* Filmtabletten) im Handel.

Atropin, Atropinderivate und andere Anticholinergika
wirken hemmend auf die Säureproduktion und schmerzlindernd, aber erst in sehr hohen Dosen, sodaß sie von erheblichen unangenehmen Nebenwirkungen begleitet sind (wie z. B. Mundtrockenheit, Anpassungsstörungen und Lichtempfindlichkeit der Augen). Da diese Wirkstoffe, wie das Atropinderivat Belladonna (z. B. in *Uzaril*), Buzepid (z. B. in *Neutromil*) und Isopromidjodid (z. B. in *Stelabid*) die Heilung nicht beschleunigen, gelten sie heute als überholt[22].

Barbiturate

Besonders problematisch sind Medikamente, die neben Schmerzmitteln noch suchterzeugende Beruhigungsmittel (Barbiturate) enthalten wie z. B. *Belladenal, Optipyrin, Spasmo-Cibalgin, Spasmo-Cibalgin comp., Spasmo Inalgon, Spasmoplus.* Die Arzneimittelkommission der Deutschen Ärzteschaft rät »wegen der Gefahr des Mißbrauchs« ausdrücklich von diesen Kombinationsmitteln ab[23].

Metamizol

Dieses in vielen Ländern wegen seiner gefährlichen Nebenwirkungen[24] gar nicht erst zugelassene bzw. verbotene Schmerzmittel, enthalten z. B. in *Baralgin, Baralgin comp., Buscopan comp., Dolo-Baralgin, Dolo-Buscopan, Dolo-Buscopan S*), ist in Österreich nach wie vor erhältlich. In der BRD wurden vom Bundesgesundheitsamt lediglich Anwendungsbeschränkungen erlassen. In welchem Prozentsatz der Fälle es zur lebensgefährlichen Abnahme weißer Blutkörperchen kommen kann, ist noch nicht eindeutig geklärt[25].

Benzodiazepine

sind Beruhigungsmittel, die auch muskellockernd, krampf- und angstlösend wirken. Langwirkende Benzodiazepine wie Diazepam, (z. B. in *Diazepam Ratiopharm, Valium*) oder Bromazepam (z. B. das meistverkaufte Lexotanil) sollten nicht eingesetzt werden. Jene Gruppe der Benzodiazepine mit mittellanger Wirkung (Oxazepam, z. B. in *Praxiten, Anxiolit, Adumbran*) sollten nur vorübergehend als kurzfristige Hilfe und Überleitung zu einer anderen Behandlung eingesetzt werden. Ihre Nebenwirkungen sind beträchtlich. Schon nach kurzer Zeit der Einnahme können verstärkt jene Probleme (Angstzustände, Spannung) auftreten, gegen die sie eingenommen werden. Sie können leicht zur Abhängigkeit führen. Nach dem Absetzen können Entzugserscheinungen auftreten (wie Verwirrung, Depressionen, Muskelkrämpfe).

Betablocker

wirken beruhigend auf die körperlichen Symptome von Angst und Spannung (z. B. »Herzklopfen«). Sie werden häufig eingesetzt (z. B. *Trasicor*). Ihre Nebenwirkungen betreffen hauptsächlich Herz und Kreislauf.

Nur bei akutem Streß (Schmerz) ist die Verwendung einer einmaligen Dosis vertretbar[25a].

Neuroleptika

werden zunehmend gegen Spannungszustände bei akuten Magenschmerzen verwendet (z. B. Trifluoperazin, z. B. in *Stelabid,* Triflupromazin z. B. in *Psyquil*). Die Amerikanische Ärztevereinigung lehnt den Einsatz von Neuroleptika als Beruhigungsmittel ab, weil auch nach kurzer Einnahme bleibende Schädigungen (Zittern, Wippen, Grimassieren) auftreten können[25b].

Übersicht: Krampflösende und beruhigende Mittel

Präparat	Wichtigste Nebenwirkungen	Empfehlung
Anxiolit plus (Ö) Drag. Oxazepam, Finalin *Rezeptpflichtig (Ö)*	Mundtrockenheit, Müdigkeit, Beeinträchtigung der Konzentration und Koordination (Vorsicht beim Autofahren, besonders mit Alkohol), bei längerer Einnahme Entzugssymptome (z. B. Schlaflosigkeit, Angst) und Abhängigkeit	**Abzuraten** Wenig sinnvolle Kombination eines Beruhigungsmittels (Oxazepam) mit einem krampflösendem Mittel. Siehe auch Text Seite 98
Baralgin (BRD/Ö) Amp. Metamizol, Pitofenon, Fenpiverinium *Rezeptpflichtig (BRD/Ö)*	Mundtrockenheit, Herzklopfen, Sehstörungen (Abnahme des Reaktionsvermögens!), verminderte Schweißbildung (Wärmestau möglich). Seltene, dann aber lebensgefährliche Abnahme weißer Blutzellen oder lebensbedrohliche Schockformen (unter anderem Blutdruckabfall) und Hautausschläge (auch schwere Formen möglich)	**Abzuraten** Wenig sinnvolle Kombination von krampflösenden Mitteln (Fenpiverin, Pitofenon) mit Schmerzmittel (Metamizol). Vertretbar nur zur kurzfristigen Behandlung von schwersten kolikartigen Schmerzen in begründeten Ausnahmefällen (z. B. wenn andere stark wirksame Schmerzmittel nicht gegeben werden können). Gefahr schwerer Nebenwirkungen. Metamizolhaltige Präparate sind in vielen Ländern verboten. Siehe auch Text Seite 98
Baralgin (BRD/Ö) Tabl., Tropfen, Zäpfchen Metamizol, Pitofenon, Fenpiveriniumbromid *Rezeptpflichtig (BRD/Ö)*	Mundtrockenheit, Herzklopfen, Sehstörungen (Abnahme des Reaktionsvermögens!), verminderte Schweißbildung (Wärmestau möglich).	**Abzuraten** Wenig sinnvolle Kombination von krampflösenden Mitteln (Fenpiverin, Pitofenon) mit Schmerzmittel (Metamizol). Metamizolhal-

Präparat	Wichtigste Nebenwirkungen	Empfehlung
	Seltene, dann aber lebensgefährliche Abnahme weißer Blutzellen oder lebensbedrohliche Schockformen (unter anderem Blutdruckabfall)	tige Präparate sind in vielen Ländern verboten. Siehe auch Text Seite 98
Baralgin comp. (BRD) Drag., Zäpfchen Metamizol, Ethenzamid, Codein, Pitofenon, Fenpiveriniumbromid *Rezeptpflichtig (BRD)*	Mundtrockenheit, Herzklopfen, Sehstörungen (Abnahme des Reaktionsvermögens!), verminderte Schweißbildung (Wärmestau möglich). Seltene, dann aber lebensgefährliche Abnahme weißer Blutzellen oder lebensbedrohliche Schockformen (unter anderem Blutdruckabfall)	**Abzuraten** Wenig sinnvolle Kombination von schmerzhemmenden Wirkstoffen (Metamizol, Ethenzamid, Codein) mit krampflösenden Mitteln (Fenpiverin, Pitofenon). Metamizolhaltige Präparate sind in vielen Ländern verboten. Siehe auch Text Seite 98
Belladenal (BRD/Ö) Tabl., Retardtabl. Atropin, Phenobarbital *Rezeptpflichtig (BRD/Ö)*	Mundtrockenheit, Herzklopfen, Sehstörungen (Abnahme des Reaktionsvermögens!), verminderte Schweißbildung (Wärmestau möglich). Müdigkeit (besonders in Zusammenhang mit Alkohol gefährlich, z. B. beim Autofahren), Benommenheit, Abhängigkeit	**Abzuraten** Wenig sinnvolle Kombination von krampflösendem Mittel aus der Tollkirsche (Atropin) mit einem sehr lange wirkenden Beruhigungsmittel (Phenobarbital). Siehe auch Text Seite 98
Buscopan (BRD/Ö) Amp. Zäpfchen N-Butylscopolaminium *Rezeptpflichtig (Ö)*	Mundtrockenheit, Herzklopfen, Sehstörungen (Abnahme des Reaktionsvermögens!), verminderte Schweißbildung (Wärmestau möglich).	**Therapeutisch zweckmäßig bei** kolikartigen Krampfzuständen im Magen-Darm-Bereich. Siehe auch Text Seite 98
Buscopan (BRD/Ö) Drag., N-Butylscopolaminium *Rezeptpflichtig (Ö)*	Mundtrockenheit, Sehstörungen, Herzklopfen	**Wenig zweckmäßig** Der Inhaltsstoff wird unzuverlässig in den Organismus aufgenommen. Siehe auch Text Seite 98
Buscopan comp. (BRD/Ö) Amp. N-Butylscopolaminium, Metamizol *Rezeptpflichtig (Ö)*	Mundtrockenheit, Herzklopfen, Sehstörungen (Abnahme des Reaktionsvermögens!), verminderte Schweißbildung (Wärmestau möglich). Seltene, dann aber lebensgefährliche Abnahme weißer Blutzellen oder lebensbedrohliche Schockformen (unter anderem Blutdruckabfall) und Hautausschläge (auch schwere For-	**Abzuraten** Wenig sinnvolle Kombination von krampflösendem Mittel (N-Butylscopolaminium) mit Schmerzmittel. Höchstens vertretbar zur kurzfristigen Behandlung von schwersten kolikartigen Schmerzen in begründeten Ausnahmefällen (z. B. wenn andere stark wirksame Schmerzmittel nicht gegeben werden können). Gefahr

Präparat	Wichtigste Nebenwirkungen	Empfehlung
	men möglich)	schwerer Nebenwirkungen. Metamizolhaltige Präparate sind in vielen Ländern verboten. Siehe auch Text Seite 98
Buscopan comp. (BRD/Ö) Drag., Zäpfchen N-Butylscopolaminium, Metamizol *Rezeptpflichtig (Ö)*	Mundtrockenheit, Herzklopfen, Sehstörungen (Abnahme des Reaktionsvermögens!), verminderte Schweißbildung (Wärmestau möglich). Seltene, dann aber lebensgefährliche Abnahme weißer Blutzellen oder lebensbedrohliche Schockformen (unter anderem Blutdruckabfall)	**Abzuraten** Wenig sinnvolle Kombination von Schmerzmittel (Metamizol) mit krampflösendem Mittel (N-Butylscopolamin), das vom Körper nur unzuverlässig aufgenommen wird. Metamizolhaltige Präparate sind in vielen Ländern verboten. Siehe auch Text Seite 98
Buscopan plus (BRD) Filmtabl. Zäpfchen N-Butylscopolaminium, Paracetamol	Mundtrockenheit, Sehstörungen, Herzklopfen. Bei sehr häufigem, jahrelangem Gebrauch sind Nierenschäden nicht auszuschließen. Bei Überdosierung: Leberschäden	**Wenig zweckmäßig** Kombination von krampflösendem Inhaltsstoff (N-Butylscopolamin), der vom Körper nur unzuverlässig aufgenommen wird, mit Schmerzmittel (Paracetamol). Siehe auch Text Seite 98
Dolo Baralgin (Ö) Drag., Zäpfchen Metamizol, Codein, Pitofenon, Fenpiverin, Ethenzamid *Rezeptpflichtig (Ö)*	Müdigkeit, Verstopfung. Seltene, dann aber lebensgefährliche Abnahme weißer Blutzellen oder lebensbedrohliche Schockformen (unter anderem Blutdruckabfall)	**Abzuraten** Nicht sinnvolle Kombination von Schmerzmitteln (Metamizol, Ethenzamid, Codein) mit krampflösenden Mitteln (Pitofenon, Fenpiverin). Metamizolhaltige Präparate sind in vielen Ländern verboten. Siehe auch Text Seite 98
Dolo Buscopan (Ö) Drag., Zäpfchen N-Butylscopolamin, Amobarbital, Metamizol, Codein *Rezeptpflichtig (Ö)*	Müdigkeit (besonders in Zusammenhang mit Alkohol gefährlich, z. B. beim Autofahren), Benommenheit, Abhängigkeit, Verstopfung. Seltene, dann aber lebensgefährliche Abnahme weißer Blutzellen oder lebensbedrohliche Schockformen (unter anderem Blutdruckabfall)	**Abzuraten** Wenig sinnvolle Kombination von Schmerzmitteln (Metamizol, Codein) mit Schlaf- und Beruhigungsmittel (Barbiturat) und krampflösendem Mittel (N-Butylscopolamin). Metamizolhaltige Präparate sind in vielen Ländern verboten. Siehe auch Text Seite 98
Dolo Buscopan S (BRD) Drag., Zäpfchen N-Butylscopolamin, Codein, Metamizol *Rezeptpflichtig (BRD)*	Müdigkeit, Verstopfung. Seltene, dann aber lebensgefährliche Abnahme weißer Blutzellen oder lebensbedrohliche Schockformen (unter ande-	**Abzuraten** Wenig sinnvolle Kombination von Schmerzmitteln (Metamizol, Codein) mit krampflösendem Mittel (N-Butylscopolamin), das

Präparat	Wichtigste Nebenwirkungen	Empfehlung
	rem Blutdruckabfall)	nur unzuverlässig aufgenommen wird. Metamizolhaltige Präparate sind in vielen Ländern verboten. Siehe auch Text Seite 98
Ila-Med forte (BRD) Tropfen Pipenzolatbromid, Phenobarbital	Mundtrockenheit, Anpassungsstörungen und Lichtempfindlichkeit der Augen, Schläfrigkeit, Verwirrtheit, Erregbarkeit. Vorsicht beim Autofahren, enthält Alkohol (20 bzw. 28 %)	**Abzuraten** Nicht sinnvolle Kombination eines krampflösenden Mittels (Pipenzolatbromid) und eines lange wirkenden Beruhigungsmittels (Phenobarbital) Siehe auch Text Seite 98
Librax (BRD / Ö) Drag. Chlordiazepoxid, Clidinium *Rezeptpflichtig (BRD / Ö)*	Müdigkeit, Mundtrockenheit, Sehstörungen, Abhängigkeit	**Abzuraten** Wenig sinnvolle Kombination eines Beruhigungsmittels (Chlordiazepoxid) mit einem krampflösendem Mittel (Clidinium). Siehe auch Text Seite 98
Neutromil (Ö) Kaps. Buzepid, Cyamemazin, Magnesium-aluminium-Verbindungen, Papaverin	Vorsicht bei Nierenstörungen (Insuffizienz). Mundtrockenheit, Anpassungsstörungen und Lichtempfindlichkeit der Augen, Verminderung der Schweißbildung (Wärmestau möglich), Herzklopfen. Verstärkung der Wirkung beruhigender Arzneimittel. Bewegungsstörungen (Dyskinesien)	**Abzuraten** Wenig sinnvolle Kombination von einem krampflösenden Mittel (Papaverin) mit anticholinergisch wirkendem (Buzepid) einem aufgrund seiner niedrigen Dosierung überflüssigen Neuroleptikum (Cyamamezin) und säurebindenden Substanzen.
Optipyrin (BRD) Zäpfchen Ethenzamid, Secobarbital, Codein, Trospium *Rezeptpflichtig (BRD)*	Müdigkeit (besonders in Zusammenhang mit Alkohol gefährlich, z. B. beim Autofahren), Benommenheit, Abhängigkeit, Verstopfung, Mundtrockenheit, Sehstörungen, Herzklopfen	**Abzuraten** Nicht sinnvolle Kombination von Schmerzmitteln (Codein, Ethenzamid) mit unzuverlässig wirkendem krampflösendem Mittel (Trospium) und Beruhigungsmittel (Secobarbital). Siehe auch Text Seite 98
Psyquil (BRD / Ö) Drag., Zäpfchen, Amp. Triflupromazin-HCI, Amp. zusätzlich: Benzylalkohol *Rezeptpflichtig (BRD / Ö)*	Mundtrockenheit, Sehstörungen, Bewegungsstörungen (Zittern, Unruhe), Blutdruckschwankungen. Selten: Störungen der Blutbildung	**Abzuraten** Nur zur Behandlung von Psychosen geeignet. Als Beruhigungsmittel wegen der möglichen Nebenwirkungen nicht vertretbar. Siehe auch Text Seite 98
Spasmium oral (Ö) Kaps. Caroverin	Mundtrockenheit, Herzklopfen, Sehstörungen, verminderte Schweißbildung (Wärmestau möglich)	**Therapeutisch zweckmäßig bei** Verkrampfungen im Magen-Darm-Bereich. Siehe auch Text Seite 98

Präparat	Wichtigste Nebenwirkungen	Empfehlung
Spasmo-Cibalgin comp. (BRD) S-Drag., S-Zäpfchen Propyphenazon, Drofenin, Codein *Rezeptpflichtig (BRD)*	Verhinderung des Aushustens von Schleim aus der Lunge, Mundtrockenheit, Sehstörungen, Verstopfung. Lebensgefährliche Abnahme weißer Blutzellen ist nicht auszuschließen, Möglichkeit lebensbedrohlicher Schockformen.	**Abzuraten** Nicht sinnvolle Kombination von schmerzhemmenden (Propyphenazon, Codein), hustendämpfendem (Codein) und krampflösendem Mittel (Drofenin). Generelle Hustendämpfung bei Grippebeschwerden ist nicht sinnvoll. Siehe auch Text Seite 98
Spasmo-Inalgon (Ö) Amp. Amidopyrin, Phenobarbital, Hyoscyamusalkaloide (Atropin), Coffein, Tropinbenzilat (BETE) *Rezeptpflichtig (Ö)* **Spasmo-Inalgon** (Ö) Tropfen Metamizol, Phenobarbital, Tropinbenzilat (BETE), Coffein *Rezeptpflichtig (Ö)*	Lebensgefährliche Abnahme weißer Blutzellen ist nicht auszuschließen, Möglichkeit lebensbedrohlicher Schockformen. Müdigkeit (besonders in Zusammenhang mit Alkohol gefährlich, z. B. beim Autofahren), Benommenheit, Abhängigkeit, Mundtrockenheit, Sehstörungen, Verstopfung	**Abzuraten** Nicht sinnvolle Kombination von Schmerzmittel (Amidopyrin bzw. Metamizol), sehr lange wirkendem Beruhigungsmittel (Barbiturat), anregendem Mittel (Coffein) und krampflösenden Mitteln (BETE, Atropin). Amidopyrinhaltige und Metamizol-haltige Präparate sind in vielen Ländern verboten. Siehe auch Text Seite 98
Spasmo-Inalgon (BRD/Ö) Tabl. Phenobarbital, Tropinbenzilat (BETE), Coffein, Propyphenazon *Rezeptpflichtig (BRD/Ö)* **Spasmo-Inalgon** (BRD) Zäpfchen Tropinbenzilat (BETE), Coffein, Phenobarbital, Propyphenazon *Rezeptpflichtig (BRD)*	Lebensgefährliche Abnahme weißer Blutzellen ist nicht auszuschließen, Möglichkeit lebensbedrohlicher Schockformen. Müdigkeit (besonders in Zusammenhang mit Alkohol gefährlich, z. B. beim Autofahren), Benommenheit, Abhängigkeit, Mundtrockenheit, Sehstörungen, Verstopfung	**Abzuraten** Nicht sinnvolle Kombination von Schmerzmittel (Propyphenazon), sehr lange wirkendem Schlaf- und Beruhigungsmittel (Barbiturat), anregendem Mittel (Coffein) und krampflösendem Mittel (BETE). Siehe auch Text Seite 98
Spasmo-Inalgon (Ö) Zäpfchen Amidopyrin, Phenobarbital, Tropinbenzilat (BETE), Coffein *Rezeptpflichtig (Ö)*	Lebensgefährliche Abnahme weißer Blutzellen ist nicht auszuschließen, Möglichkeit lebensbedrohlicher Schockformen. Müdigkeit (besonders in Zusammenhang mit Alkohol gefährlich, z. B. beim Autofahren), Benommenheit, Abhängigkeit, Mundtrockenheit, Sehstörungen, Verstopfung	**Abzuraten** Nicht sinnvolle Kombination von Schmerzmittel (Amidopyrin), sehr lange wirkendem Beruhigungsmittel (Barbiturat), anregendem Mittel (Coffein) und krampflösendem Mittel (BETE). Amidopyrinhaltige Präparate sind in vielen Ländern verboten. Siehe auch Text Seite 98

Präparat	Wichtigste Nebenwirkungen	Empfehlung
Spasmoplus (Ö) Drag., Zäpfchen Propyphenazon, Allobarbital, Drofenin, Codein *Rezeptpflichtig*	Lebensgefährliche Abnahme weißer Blutzellen ist nicht auszuschließen, Möglichkeit lebensbedrohlicher Schockformen. Müdigkeit (besonders in Zusammenhang mit Alkohol), Benommenheit, Abhängigkeit, Mundtrockenheit, Sehstörungen, Verstopfung	**Abzuraten** Wenig sinnvolle Kombination von zwei schmerzlindernden Stoffen (Prophyphenazon, Codein) mit Schlaf- und Beruhigungsmittel (Allobarbital) und krampflösendem Inhaltsstoff (Drofenin). Siehe auch Text Seite 98
Spasmo-Praxiten (Ö) Tabl. Oxazepam, Ambutoniumbromid *Rezeptpflichtig*	Vorsicht bei Störungen der Nierenfunktion (Insuffizienz). Abnahme des Reaktionsvermögens besonders mit Alkohol), Ödeme, Müdigkeit, Mundtrokkenheit. Anpassungsschwierigkeiten und Lichtempfindlichkeit der Augen, Herzklopfen, verminderte Schweißbildung. Bei längerer Einnahme Abhängigkeit	**Abzuraten** Wenig sinnvolle Kombination eines Beruhigungsmittels (Oxazepam) mit einem krampflösenden Mittel (Ambutoniumbromid). Siehe auch Text Seite 98
Stelabid-Dragees (Ö) Drag., mite Drag. Trifluoperazin, Isopropamidjodid	Abnahme des Reaktionsvermögens, Mundtrockenheit, Schläfrigkeit, Lichtempfindlichkeit und Anpassungsstörungen der Augen, Störungen der Blasenentleerung, bleibende Bewegungsstörungen (Dyskinesien)	**Abzuraten** Nicht sinnvolle Kombination eines Neuroleptikums (Trifluoperazin) mit einem anticholinergisch wirkenden Mittel (Isopropamidjodid). Kombinationen von Neuroleptika mit anderen Wirkstoffen erscheinen in allen Fällen problematisch. Siehe auch Text Seite 98
Tranquo Buscopan (BRD/Ö) Drag., Zäpfchen N-Butylscopolamin, Oxazepam *Rezeptpflichtig*	Müdigkeit, Beeinträchtigung der Konzentrationsfähigkeit (besonders mit Alkohol), bei längerer Einnahme Abhängigkeit	**Abzuraten** Nicht sinnvolle Kombination eines Beruhigungsmittels (Oxazepam) mit krampflösendem Mittel (N-Butylscopolamin), das vom Körper nur unzuverlässig aufgenommen wird. Siehe auch Text Seite 98
Ulcumel (BRD/Ö) Tabl. Benzocain, Phenobarbital, Atropinderivat Belladonna, Wismut *Rezeptpflichtig*	Vorsicht bei Bluthochdruck. Mundtrockenheit, verminderte Schweißbildung (Wärmestau möglich), Hautrötung, Anpassungsprobleme und Lichtempfindlichkeit der Augen. Erhö-	**Abzuraten** Nicht sinnvolle Kombination eines lokal wirkenden Schmerzmittels (Benzocain), lange wirkenden Beruhigungsmittels (Phenobarbital), anticholinerg

Präparat	Wichtigste Nebenwirkungen	Empfehlung
	hung des Augendrucks. Abnahme des Reaktionsvermögens, Müdigkeit, besonders in Verbindung zu Alkohol. Benommenheit. Bei längerer Einnahme Abhängigkeit	wirkenden Mittels (Belladonna) und Wismut (dessen Wirkung zweifelhaft ist). Siehe auch Text Seite 98
Ulcumel (Ö) Amp. Procain, Phenobarbital, Atropin, Glucose	Mundtrockenheit, verminderte Schweißbildung (Wärmestau möglich), Schwindel, Erbrechen, Anpassungsstörungen und Lichtempfindlichkeit der Augen, Herzklopfen, Benommenheit. Abnahme des Reaktionsvermögens. Müdigkeit besonders in Zusammenhang mit Alkohol. Bei längerer Einnahme Abhängigkeit	**Abzuraten** Nicht sinnvolle Kombination eines lokal wirkenden Schmerzmittels (Procain), lange wirkenden Beruhigungsmittels (Phenobarbital), anticholinerg wirkenden Mittels (Atropin) und Zucker Siehe auch Text Seite 98
Uzaril (BRD) Tabl. Uzaron, Belladonna, Phenobarbital Tropfen: zusätzlich Alkohol *Rezeptpflichtig*	Schläfrigkeit, Erregbarkeit. Verwirrtheit, Verminderung der Reaktionsfähigkeit. Mundtrockenheit, Lichtempfindlichkeit und Anpassungsstörungen der Augen, erhöhter Augendruck. Uzaril Tropfen: Achtung, hoher Alkoholgehalt (42 %)	**Abzuraten** Nicht sinnvolle Kombination eines Pflanzenextrakts (Uzaron) mit lange wirkendem Beruhigungsmittel (Phenobarbital) und anticholinerg wirkendem Mittel (Belladonna). Die Wirkung von Uzaron bei der vom Hersteller angegebenen Anwendung (vegetativ bedingte Verdauungsstörungen, Geschwüre) ist zweifelhaft. Siehe auch Text Seite 98

Wichtig: Ein Medikament, das als *therapeutisch zweckmäßig* eingestuft wurde, sollte keinesfalls bedenkenlos eingenommen werden. Wenn ein Medikament als *abzuraten* oder *wenig zweckmäßig* bewertet wird, bedeutet das nicht unbedingt, daß Sie sofort aufhören sollen, es einzunehmen. Sprechen Sie mit einem Arzt Ihres Vertrauens darüber.

13.5. Mittel gegen Übelkeit und Störungen der Magenentleerung

Übelkeit und Erbrechen kann ein Ausdruck von nervösen Magen (-Darm)-Störungen sein (siehe Kapitel 4., Seite 24).
Diese Beschwerden treten aber auch bei Vergiftungen auf (siehe Kapitel 6., Seite 34). Erbrechen kann ein schützender Reflex sein, um Gifte oder schwer verdauliche Stoffe auszuscheiden, bevor größere Mengen davon in den Magen, den Darm und die Blutbahn gelangen[26]. Die Unterdrückung des Brechreizes durch Medikamente kann daher gefährlich sein. Die Aufklärung der eigentlichen Ursachen für die Beschwerden wird dadurch erschwert.
Übelkeit und Erbrechen treten relativ häufig auch als Nebenwirkung bestimmter Arzneimittel[27] auf (siehe Kapitel 15., Seite 132). Medikamente, die Brechreiz verursachen, sollten nach Rücksprache mit dem Arzt in der Dosis reduziert oder nicht mehr eingenommen werden.
Bei Frauen sind Übelkeit und Erbrechen oft erstes Anzeichen einer Schwangerschaft. In diesem Fall sollte – wegen der Gefahr von Mißbildungen beim Embryo – in der Regel überhaupt nicht mit Medikamenten behandelt werden,[28] wegen des Verdachtes, sie könnten den Embryo schädigen. (Siehe Kap. 13.7., Seite 122)
Nach bestimmten Magenoperationen (siehe Kapitel 14., Seite 125) kann es häufig zu Brechreiz kommen, weil die Entleerung des Magens gestört ist. In diesem Fall erweisen sich Metoclopramid und Domperidon als wirksam. Diese Stoffe können allerdings auch schwere Nebenwirkungen haben.

Medikamente

Antihistaminika
dämpfen nicht nur den Brechreiz, sondern wirken allgemein dämpfend. Sie sollten daher auf keinen Fall eingenommen werden, wenn man selbst Auto fährt. *Kombinationsmittel* von Antihistaminika mit Coffein (z. B. in *Vomex A*) sind nicht sinnvoll. Coffein soll den schläfrig machenden Effekt der Antihistaminika ausgleichen, was mißlingt, da die Wirkung der beiden Substanzen zu unterschiedlichen Zeiten eintritt. Andere Kombinationen z. B. mit durchblutungsförderndem Mittel Nikotinsäure (z. B. in *Vertigo Vomex*) sind noch weniger sinnvoll[29].

Metoclopramid und Domperidon

Metroclopramid (in *Gastronerton, Gastrosil, MCP – Ratiopharm, Paspertin*) und Domperidon (in *Motilium*) wirken beschleunigend auf die Magenentleerung und hemmen damit Übelkeit und Erbrechen. Die wichtigsten Nebenwirkungen sind Dämpfung und Bewegungsstörungen (Zittern, Wippen, Krämpfe im Hals-Kopf-Schulter-Bereich und Blickkrämpfe). Da diese erheblichen Beschwerden bei Kleinkindern schon nach einmaliger Einnahme auftreten können, sollten Metoclopramid-haltige Medikamente bei Kindern nicht oder nur nach strengster Abwägung von Nutzen und Risiko verwendet werden[30]. Domperidon *(Motilium)* hat, in hoher Dosis injiziert, zu schweren Zwischenfällen und auch zum Tod geführt. Deshalb wurde in Österreich 1986 die Injektionslösung verboten[31]. Tabletten und Zäpfchen dürfen allerdings weiterhin verschrieben werden.

Wegen des hohen Risikos sollten Metoclopramid und Domperidon nur in schweren Fällen von Entleerungsstörungen, die als Folge von Magen- und Zwölffingerdarmoperationen auftreten, eingesetzt werden.

Übersicht: Mittel gegen Übelkeit und Störungen der Magenentleerung

Präparat	Wichtigste Nebenwirkungen	Empfehlung
Cascapride (BRD) Kaps. Bromoprid *Rezeptpflichtig*	Hormonstörungen (Hyperprolaktinämie)	**Therapeutisch zweckmäßig nur bei** Übelkeit, Erbrechen und zur Beschleunigung der Entleerung des Magens. Siehe auch Text Seite 107
Gastronerton (BRD) Kaps., Lösung, Tabl. Metoclopramid *Rezeptpflichtig (BRD)*	Müdigkeit, Bewegungsstörungen (Dyskinesien), Hormonstörungen	**Therapeutisch zweckmäßig nur bei** Übelkeit, Erbrechen und zur Beschleunigung der Entleerung des Magens. Siehe auch Text Seite 107
Gastrosil (BRD) Tropfen, Tabl. Retardkaps. Metoclopramid *Rezeptpflichtig (BRD)*	Müdigkeit, Bewegungsstörungen (Dyskinesien), Hormonstörungen	**Therapeutisch zweckmäßig nur bei** Übelkeit, Erbrechen und zur Beschleunigung der Entleerung des Magens. Siehe auch Text Seite 107

Präparat	Wichtigste Nebenwirkungen	Empfehlung
MCP-Ratiopharm (BRD) Tabl. Tropfen Metoclopramid *Rezeptpflichtig (BRD)*	Müdigkeit, Bewegungsstörungen (Dyskinesien), Hormonstörungen	**Therapeutisch zweckmäßig nur bei** Übelkeit, Erbrechen und zur Beschleunigung der Entleerung des Magens. Siehe auch Text Seite 107
Motilium (BRD/Ö) Tropf., Kindertr. Susp., Filmtabl. Domperidon *Rezeptpflichtig*	Kopfschmerzen, Bewegungsstörungen (Dyskinesien). Bei Kindern unter einem Jahr können Nervenstörungen nicht ausgeschlossen werden.	**Therapeutisch zweckmäßig nur bei** Übelkeit, Erbrechen und zur Beschleunigung der Magenentleerung, bei Erwachsenen und in Form von Tropfen und Tabletten. Abzuraten bei Kindern und in Form von Ampullen bei Erwachsenen. In Österreich wurden Motilium Amp. 1986 verboten. Siehe auch Text Seite 107
Paspertin (BRD/Ö) Amp., Tabl., Tropfen, Zäpfchen Metoclopramid, Zäpfchen zusätzlich: Polidocanol *Rezeptpflichtig (BRD/Ö)*	Müdigkeit, Bewegungsstörungen (Dyskinesien), Hormonstörungen	**Therapeutisch zweckmäßig nur bei** Übelkeit, Erbrechen und zur Beschleunigung der Entleerung des Magens. Siehe auch Text Seite 107
Torecan (BRD/Ö) Amp., Drag., Zäpfchen Thiethylperazin	Müdigkeit, Mundtrockenheit, Depressionen, beschleunigte Herztätigkeit, Senkung der Körpertemperatur. Auch Bewegungsstörungen können akut auftreten und müssen als mögliche Spätfolgen bedacht werden	**Therapeutisch zweckmäßig** bei Übelkeit und Erbrechen. Siehe auch Text Seite 107
Vertigoheel (BRD) Tropfen, Tabl., Amp. Cocculus, Conium, Ambra, Petroleum	Keine wesentlichen zu erwarten	**Homöopathisches Mittel** Therapeutische Wirksamkeit zweifelhaft, aber vertretbar, wenn die Einnahme als wirksam empfunden wird. Siehe auch Text Seite 107
Vertigo Vomex (BRD) Retardkaps., Kaps., Zäpfchen Dimenhydrinat, Nikotinsäure, Vitamin B6	Müdigkeit, Magen-Darm-Störungen, Kopfschmerzen, Mundtrockenheit, Alpträume, Schwierigkeiten beim Wasserlassen. Bei Kindern kann eine Überdosierung Erregungszustände und Krämpfe auslösen. Blutdruckabfall möglich	**Abzuraten** Wenig sinnvolle Kombination von beruhigend wirkendem Antihistaminikum (Dimenhydrinat) mit durchblutungsförderndem Mittel (Nikotinsäure) und Vitamin. Die Wirksamkeit von Nikotinsäure bei diesem Anwendungsgebiet ist zweifelhaft. Siehe auch Text Seite 107

Präparat	Wichtigste Nebenwirkungen	Empfehlung
Viaben (BRD) Injlsg., Kaps., Tropfen, Zäpfchen Bromoprid *Rezeptpflichtig*	Hormonstörungen (Hyperprolaktinämie)	**Therapeutisch zweckmäßig nur bei** Übelkeit, Erbrechen und zur Beschleunigung der Magenentleerung. Siehe Text Seite 107
Vomex A (BRD) Drag. Dimenhydrinat, Coffein	Müdigkeit möglich, Magen-Darm-Störungen, Kopfschmerzen, Mundtrockenheit, Alpträume, Schwierigkeiten beim Wasserlassen. Bei Kindern kann eine Überdosierung Erregungszustände und Krämpfe auslösen. Blutdruckabfall möglich	**Abzuraten** Nicht sinnvolle Kombination von beruhigend wirkendem Antihistaminikum (Dimenhydrinat) mit anregend wirkender Substanz (Coffein). Coffein soll die dämpfende Wirkung von Dimenhydrinat ausgleichen, der Wirkungseintritt beider Inhaltsstoffe ist aber unterschiedlich. Siehe auch Text Seite 107

Wichtig: Ein Medikament, das als *therapeutisch zweckmäßig* eingestuft wurde, sollte keinesfalls bedenkenlos eingenommen werden. Wenn ein Medikament als *abzuraten* oder *wenig zweckmäßig* bewertet wird, bedeutet das nicht unbedingt, daß Sie sofort aufhören sollen, es einzunehmen. Sprechen Sie mit einem Arzt Ihres Vertrauens darüber.

13.6. Mittel gegen andere Magenbeschwerden

Viele Menschen, die wegen Magenbeschwerden einen Arzt aufsuchen, haben keine organischen Leiden (siehe Kapitel 4., Seite 24). Falsche Ernährung und psychischer Streß begünstigen Beschwerden wie Druck- und Völlegefühl, Blähungen oder einfach Appetitlosigkeit. Sinnvolle Medikamente dagegen gibt es nicht. Dennoch werden eine Fülle von Arzneimitteln angepriesen. Meist handelt es sich dabei um problematische Kombinationsmittel aus verschiedensten schmerzlindernden, krampflösenden, beruhigend wirkenden und säurebindenden Stoffen[32]. Nach Meinung der anerkannten Fachzeitschrift »arznei-telegramm« sind Mittel, wie sie im folgenden besprochen werden, allerdings »ohnehin nicht besser als Placebo« (Scheinmittel)[33]. Von der Einnahme solcher Mittel ist *abzuraten.*

Mittel gegen Blähungen

Beschwerden wie Blähungen, Druckschmerzen oder Völlegefühl können Zeichen eines vermehrten Gasgehalts im Magen-Darm-Trakt sein. Die meisten dagegen angebotenen *Entschäumungsmittel* enthalten den Stoff Dimethylpolysiloxan (Dimeticon, z. B. in *Elugan, Enzym-Lefax, Helopanflat, Lefax*). Der Nutzen dieser Präparate ist umstritten: Er wird von der Amerikanischen Arzneimittelbehörde in Zweifel gezogen[34].

Mittel mit Verdauungsenzymen

Der Einsatz von Enzympräparaten bei Magenstörungen wird von der Arzneimittelkomission der Deutschen Ärzteschaft als »teure Placebobehandlung« eingestuft[35]. Trotzdem werden in der BRD pro Jahr etwa 90 Millionen Einzeldosen davon verschrieben[36]. Die positive Wirkung, die jeder zweite nach Einnahme dieser Mittel zu verspüren vermeint, läßt sich zum gleichen Prozentsatz auch durch Placebos (Mittel ohne Wirkstoff) erzielen.
Nur wenn die Produktion der Verdauungssäfte von der Bauchspeicheldrüse um mehr als achtzig Prozent zurückgeht (z. B. bei chronischer Entzündung der Bauchspeicheldrüse) ist es sinnvoll, solche Medikamente (z. B. *Kreon, Ozym, Pankreon Gran.*) einzusetzen. Nicht aber nach überreichlichen oder zu fetten Mahlzeiten.

Mittel gegen Appetitlosigkeit

Cyproheptadin (in *Nuran, Periactinol*) ist ein Antihistaminikum, dessen Nebenwirkungen neben den für Antihistaminika üblichen (Müdigkeit, Mundtrockenheit) auch für die Zunahme von Appetit und Gewicht sein kann – ein Umstand, der genützt wird. Allerdings ist der Einsatz solcher Mittel laut Ansicht von Fachleuten auf wenige Krankheiten (z. B. Magersucht) beschränkt. Dort ist allerdings ihr Nutzen sehr umstritten[37]. Ein Schluck eines Aperitifs ist sinnvoller.

Übersicht: Mittel gegen andere Magenbeschwerden

Präparat	Wichtigste Nebenwirkungen	Empfehlung
Azupanthenol (Ö) Tropfen, Tabl. Guajazulen, Natrium-D-Panthotenat, Tabletten: zusätzlich Ammoniumsalz, Calziumpanthotenat, Wismut, Aluminiumhydroxid, Magnesiumsilicat und -carbonat, pflanzliche Auszüge (Cort. frangulae)	Tabletten: Vorsicht bei Nierenstörungen	**Abzuraten** Nicht sinnvolle Kombination eines entzündungshemmenden Stoffes (Guajazulen) mit einem Vitamin (Natrium-D-Panthotenat). Beide Inhaltsstoffe der Tropfen sind von zweifelhafter Wirksamkeit. Die therapeutische Wirksamkeit von Wismut in den Tabletten ist zweifelhaft, das pflanzliche Abführmittel (Cort. frangulae) sollte in der Schwangerschaft vermieden werden. Siehe auch Text Seite 111
Carminativum-Hetterich (BRD) Tropfen, Alkohol. Auszug aus: Kamille, Melisse, Pfefferminze, Kümmel, Coriander, Fenchel, Basilikum, Pomeranzenschale, Anserina, zum Teil standardisiert	Keine wesentlichen zu erwarten. Enthält Alkohol	**Wenig zweckmäßig** bei den vom Hersteller angegebenen Anwendungsgebieten (Blähungen, Verstopfung). Enthält Stoffe (ätherische Öle) mit stuhlerweichender Wirkung. Therapeutische Wirksamkeit zweifelhaft. Siehe auch Text Seite 111
Carmol (BRD) Tropfen Spiritus Melissae, Menthol, Aethanol-Wasser-Gemisch, ätherische Öle	Keine wesentlichen zu erwarten	**Wenig zweckmäßig** Wenig sinnvolle Kombination von zahlreichen ätherischen Ölen. Vertretbar als Aperitif (Alkoholgehalt!) und als Mittel gegen Blähungen. Siehe auch Text Seite 111

Präparat	Wichtigste Nebenwirkungen	Empfehlung
Carvomin (BRD) Tropfen Verschiedene Pflanzenauszüge, z. B. Kümmel, Pfefferminze	Keine wesentlichen zu erwarten. Enthält Alkohol	**Wenig zweckmäßig** bei den vom Hersteller angegebenen Anwendungsgebieten (Blähungen, Verstopfung). Enthält Stoffe (ätherische Öle) mit stuhlerweichender Wirkung. Therapeutische Wirksamkeit zweifelhaft. Siehe auch Text Seite 111
Ceolat comp. (BRD/Ö) Kautabl. Dimethylpolysiloxan (Dimeticon), Metoclopramid *Rezeptpflichtig (Ö)*	Müdigkeit, Bewegungsstörungen (Dyskinesien), Hormonstörungen	**Abzuraten** bei dem vom Hersteller angegebenen Anwendungsgebiet (Meteorismus). Therapeutische Wirksamkeit zweifelhaft. Wenig sinnvolle Kombination von Entschäumungsmittel (Dimethylpolysiloxan) mit Mittel bei Erbrechen und Magenstörungen (Metoclopramid). Siehe auch Text Seite 111
Cholspasminase (BRD) Drag. Hymecromon, Pankreatin, Cellulase	Durchfall	**Wenig zweckmäßig** bei den vom Hersteller angegebenen Anwendungsgebieten (chronische Verdauungsstörungen durch Mangel an Verdauungsstoffen). Zur ergänzenden Behandlung bei verminderter Funktion der Bauchspeicheldrüse (Substitution bei exkretorischer Pankreas-insuffizienz) nicht geeignet. Siehe auch Text Seite 111
Citropepsin (BRD) Tabl., Drag., Fortedrag. Pepsin, Citronensäure	Keine wesentlichen zu erwarten	**Wenig zweckmäßig** Enthält unter anderem eiweißspaltendes Verdauungsenzym (Pepsin), dessen Wirkung für eine normale Verdauung nicht notwendig ist. Siehe auch Text Seite 111
Combizym (BRD/Ö) Drag., Forte-Filmtabl. Pankreatin (Lipase, Protease, Amylase), pflanzliche Enzyme (Cellulase, Protease, Amylase)	Keine wesentlichen zu erwarten	**Möglicherweise zweckmäßig** bei den vom Hersteller angegebenen Anwendungsgebieten (z. B. Verdauungsstörungen). Enthält Verdauungsenzyme tierischer und pflanzlicher Herkunft. Die Wertigkeit pflanzlicher Enzyme ist umstritten. Siehe auch Text Seite 111

Präparat	Wichtigste Nebenwirkungen	Empfehlung
Combizym comp. (BRD/Ö) Drag. Pankreatin (Lipase, Protease, Amylase), pflanzliche Enzyme (Cellulase, Protease, Amylase), getrocknete Galle	Durchfall möglich	**Wenig zweckmäßig** bei den vom Hersteller angegebenen Anwendungsgebieten (z. B. Verdauungsstörungen). Enthält Verdauungsenzyme und Galle. Zur ergänzenden Behandlung bei verminderter Funktion der Bauchspeicheldrüse (Substitution bei exkretorischer Pankreas-Insuffizienz) nicht geeignet. Zusätze von Galle sind überflüssig. Siehe auch Text Seite 111
Digestif Rennie (Ö) Tabl. Pankreatin, Papayotin, Calc. carbonic, Magnes. carbon	Keine wesentlichen zu erwarten	**Wenig zweckmäßig** bei den vom Hersteller angegebenen Anwendungsgebieten (Verdauungsstörungen). Zur ergänzenden Behandlung bei verminderter Funktion der Bauchspeicheldrüse (Substitution bei exkretorischer Pankreas-Insuffizienz) nicht geeignet. Siehe auch Text Seite 111
Elugan (BRD) Tropfen Dimeticon, Silicumdioxid **Elugan** (BRD) Tabl. Dimeticon, Siliciumdioxid, Pankreatin (Lipase, Protease, Amylase) **Elugan** (Ö) Drag. Dimeticon, Pankreatin (Lipase, Protease, Amylase) Diastase, ätherische Öle, Zucker	Keine wesentlichen zu erwarten	**Wenig zweckmäßig** bei den vom Hersteller angegebenen Anwendungsgebieten (Blähungen). Wirksamkeit zweifelhaft. Vertretbar zur Verminderung störender Darmgase bei Röntgenuntersuchungen. Siehe auch Text Seite 111
Enzym Lefax (BRD) Kautabl. Dimeticon, Siliciumdioxid, Bromelaine, Pankreatin (Lipase, Protease, Amylase), Pepsin	Keine wesentlichen zu erwarten	**Wenig zweckmäßig** bei den vom Hersteller angegebenen Anwendungsgebieten (Blähungen, Völlegefühl bei Enzymmangel). Siehe auch Text Seite 111

Präparat	Wichtigste Nebenwirkungen	Empfehlung
Enzynorm forte (BRD/Ö) Fortedrag. Pepsin, Aminosäuren, Ö: nur Pepsin	Keine wesentlichen zu erwarten	**Wenig zweckmäßig** Enthält unter anderem eiweißspaltendes Verdauungsenzym (Pepsin), dessen Wirkung für eine normale Verdauung nicht notwendig ist. Siehe auch Text Seite 111
Enzynorm (BRD) Bohnen, Liquidum Pepsin, Gesamtsäure (Salzsäure)	Keine wesentlichen zu erwarten	**Wenig zweckmäßig** bei den vom Hersteller angegebenen Anwendungsgebieten (akute und chronische Magenentzündung, Magensäuremangel). Enthält unter anderem eiweißspaltendes Verdauungsenzym (Pepsin), dessen Wirkung für eine normale Verdauung nicht notwendig ist. Siehe auch Text Seite 111
Enzynorm (Ö) Bohnen, Liquidum Pepsin, Säure	Keine wesentlichen zu erwarten	**Wenig zweckmäßig** Enthält unter anderem eiweißspaltendes Verdauungsenzym (Pepsin), dessen Wirkung für eine normale Verdauung nicht notwendig ist. Siehe auch Text Seite 111
Fermento Duodenal (BRD/Ö) Kaps. Pankreatin (Lipase, Protease, Amylase), Dimeticon	Keine wesentlichen zu erwarten	**Wenig zweckmäßig** bei den vom Hersteller angegebenen Anwendungsgebieten (z. B. bei Kostumstellung; eingeschränkter Kaufähigkeit). Zur ergänzenden Behandlung bei verminderter Funktion der Bauchspeicheldrüse bedingt geeignet. Der Zusatz von Entschäumungsmittel (Dimeticon) zu den Verdauungsfermenten ist überflüssig. Siehe auch Text Seite 111
Gastricholan (BRD) Tropfen alkoholische Auszüge aus Kamille, Fenchel, Pfefferminz, Absinth, Thymian, Rhiz. Calami	Keine wesentlichen zu erwarten	**Naturheilmittel** Wirksamkeit bei den vom Hersteller angegebenen Anwendungsgebieten (z. B. Magensäuremangel) zweifelhaft. Vertretbar wegen geringer Schädlichkeit. Siehe auch Text Seite 111

Präparat	Wichtigste Nebenwirkungen	Empfehlung
Helo-acid (Ö) Drag. Acid. citric, Acid. tartar., Acid. lactic., Pepsin	Keine wesentlichen bekannt	**Wenig zweckmäßig** Enthält unter anderem eiweißspaltendes Verdauungsenzym (Pepsin), dessen Wirkung für eine normale Verdauung nicht notwendig ist. Siehe auch Text Seite 111
Helo-acid (BRD) Drag. Citronensäure, Weinsäure, Aluminium-(RS)-lactat, Kalium-(RR)-hydrogentartrat	Keine wesentlichen bekannt	**Wenig zweckmäßig** bei den vom Hersteller angegebenen Anwendungsgebieten (Gastritis). Siehe auch Text Seite 111
Helopanflat (BRD/Ö) Drag. Pankreatin (Protease, Amylase, Lipase), Dimeticon, Siliciumdioxid	Keine wesentlichen zu erwarten	**Wenig zweckmäßig** bei den vom Hersteller angegebenen Anwendungsgebieten (Blähungen). Wirksamkeit zweifelhaft. Vertretbar zur Verminderung störender Darmgase bei Röntgenuntersuchungen. Siehe auch Text Seite 111
Helopanzym (BRD/Ö) Drag. Pankreatin (Protease, Amylase, Lipase) Pepsin	Keine wesentlichen zu erwarten	**Wenig zweckmäßig** bei den vom Hersteller angegebenen Anwendungsgebieten (Fermentmangel im Magen und Darm). Zur ergänzenden Behandlung bei verminderter Funktion der Bauchspeicheldrüse (Substitution bei exkretorischer Pankreas-Insuffizienz) nicht geeignet. Pepsin ist überflüssig, kann aber die Pankreasenzyme schädigen. Siehe auch Text Seite 111
Hylak (BRD/Ö) Tropfen, Forte-Tropfen Stoffwechselprodukte (u. a. Aminosäuren) von Bakterien (Thermobact. Helveticus) Forte-Tropfen: (Thermobact. Helveticus, Escherichincoli, Streptococcusfaecalis, Lactobac. acidophilum	Keine wesentlichen zu erwarten	**Wenig zweckmäßig** bei den vom Hersteller angegebenen Anwendungsgebieten (Magensäuremangel, Durchfälle). Wirksamkeit zweifelhaft. Vertretbar wegen geringer Schädlichkeit. Siehe auch Text Seite 111

Präparat	Wichtigste Nebenwirkungen	Empfehlung
Hylakombun (BRD) Drag., Filmtabl. Pankreatin, Galle, Dichlorchinolinol, Ethaverin, Stoffwechselprodukte von Bakterien (Esch. coli, Strept. faecalis), Lactobac. acidophilum *Rezeptpflichtig (BRD)*	Kopfschmerzen, Schwindel. Mexaform plus, das den gleichen Wirkstoff (Dichlorchinolinol) enthielt, wurde wegen seiner Nebenwirkungen aus dem Handel gezogen.	**Abzuraten** bei den vom Hersteller angegebenen Anwendungsgebieten. Nicht sinnvolle Kombination von Chemotherapeutikum (Chinolinderivat), krampflösendem Mittel (Ethaverin), Enzymen u. a. Siehe auch Text Seite 111
Lefax (BRD/Ö) Kautabl., Emulsion, Tabl. Dimeticon, Siliciumdioxid	Keine wesentlichen bekannt	**Wenig zweckmäßig** bei den vom Hersteller angegebenen Anwendungsgebieten (Blähungen). Vertretbar zur Verminderung störender Darmgase bei Röntgenuntersuchungen. Therapeutischer Nutzen von Dimeticon ist zweifelhaft. Siehe auch Text Seite 111
Luvos (BRD) Heilerde-Pulver Löß, Kalziumoxid, Aluminiumoxid, Kohlendioxid, Magnesiumoxid, Kaliumoxid	Verminderung der Aufnahme anderer Arzneimittel	**Wenig zweckmäßig** bei den vom Hersteller angegebenen Anwendungsgebieten (Magen-Darm-Katarrh). Enthält adsorbierende Inhaltsstoffe. Siehe auch Text Seite 111
Mestinon (BRD/Ö) Amp., Ampullenflaschen, Tabl., Drag. Pyridostigminbromid *Rezeptpflichtig (BRD/Ö)*	Asthmaanfälle, Schweißausbruch, Übelkeit, Erbrechen, Verlangsamung des Pulses	**Therapeutisch zweckmäßig** bei dem vom Hersteller angegebenen Anwendungsgebiet (Darmlähmung). Siehe auch Text Seite 111
Montana (Ö) Tropfen Alkoholischer Auszug aus z. B. Zimt, Kümmel, Pfefferminze, Pomeranzenschale	Bei Überdosierung Alkoholwirkungen	**Zweckmäßig wie** andere Kräuterschnäpse auch. Siehe auch Text Seite 111
Mosegor (BRD) Drag., Sirup Pizotifen *Rezeptpflichtig (BRD)*	Müdigkeit, Depressionen	**Abzuraten** Die Anwendung von Medikamenten zur Behandlung von Appetitstörungen ist nur in seltenen Ausnahmefällen (z. B. Anorexia nervosa) gerechtfertigt. Hierbei versagt auch Pizotifen. Siehe auch Text Seite 111

Präparat	Wichtigste Nebenwirkungen	Empfehlung
Nortase (BRD) Kaps. Rizolipase, Enzymkonzentrat aus Aspergillus oryzae	Keine wesentlichen zu erwarten	**Wenig zweckmäßig** zur ergänzenden Behandlung bei verminderter Funktion der Bauchspeicheldrüse (Substitution bei exkretorischer Pankreas-Insuffizienz). Die Wertigkeit pflanzlicher Enzyme ist umstritten. Standardisierte Pankreasenzyme sind vorzuziehen. Siehe auch Text Seite 111
Nuran (BRD) Tabl., Sirup Cyproheptadin *Rezeptpflichtig (BRD)*	Müdigkeit, Mundtrockenheit, bei Kindern auch Erregung möglich	**Abzuraten** Die Anwendung von Medikamenten zur Behandlung von Appetitstörungen ist nur in seltenen Ausnahmefällen (z. B. Anorexia nervosa) gerechtfertigt. Hierbei versagt auch Cyproheptadin. Siehe auch Text Seite 111
Nuran BC (BRD) Sirup Cyproheptadin, Vitamin B1, B2, B6, C, Nikotinamid	Müdigkeit, Mundtrockenheit, bei Kindern auch Erregung möglich	**Abzuraten** Wenig sinnvolle Kombination von appetitsteigernd wirkendem Inhaltsstoff (Cyproheptadin) mit Vitaminen. Die Anwendung von Medikamenten zur Behandlung von Appetitstörungen ist nur in seltenen Ausnahmefällen (z. B. Anorexia nervosa) gerechtfertigt. Hierbei versagt auch Cyproheptadin. Siehe auch Text Seite 111
Nutrizym (BRD/Ö) Drag. Pankreatin-Konzentrat, Bromelaine, Fel Tauri	Keine wesentlichen zu erwarten	**Wenig zweckmäßig** bei den vom Hersteller angegebenen Anwendungsgebieten (Verdauungsstörungen bei Schwächen der Bauchspeicheldrüse). Zur ergänzenden Behandlung bei verminderter Funktion der Bauchspeicheldrüse bedingt geeignet. Siehe auch Text Seite 111
Pankreaplex N (BRD) Tropfen, Drag. Pankreatin (nicht standardisiert), Percolate bzw. Extrakte aus Condurango, Sarsaparille, Syzygii Jamb., Mariendistel	Keine wesentlichen zu erwarten	**Wenig zweckmäßig** bei den vom Hersteller angegebenen Anwendungsgebieten (akute und chronische Entzündungen des Verdauungsapparates). Therapeutische Wirksamkeit zweifelhaft. Siehe auch Text Seite 111

Präparat	Wichtigste Nebenwirkungen	Empfehlung
Pankreoflat (BRD/Ö) Drag. Dimeticon, Pankreatin (Lipase, Amylase, Protease)	Keine wesentlichen zu erwarten	**Wenig zweckmäßig** bei den vom Hersteller angegebenen Anwendungsgebieten (z. B. Blähungen). Der Zusatz von Entschäumungsmittel (Dimeticon) zu Verdauungsenzymen ist überflüssig. Siehe auch Text Seite 111
Pansan (BRD/Ö) Drag., Pepsin, Saft: Aminoessigsäure	Keine wesentlichen zu erwarten	**Wenig zweckmäßig** Nicht sinnvolle Kombination von Glutaminsäure mit eiweißspaltendem Verdauungsenzym (Pepsin), dessen Wirkung für eine normale Verdauung nicht notwendig ist. Siehe auch Text Seite 111
Panzynorm (BRD/Ö) Drag., Fortedrag. Pankreatin, Magenextrakt, Pylorusextrakt, Galle Fortedrag. Ö zusätzlich: Aminosäuren	Keine wesentlichen zu erwarten	**Wenig zweckmäßig** bei den vom Hersteller angegebenen Anwendungsgebieten (Verdauungsstörungen bei Schwäche der Bauchspeicheldrüse). Wenig sinnvolle Kombination von unterdosierten Verdauungsenzymen mit diese Enzyme schädigendem Pepsin und Galle (wirkt abführend). Zur ergänzenden Behandlung bei verminderter Funktion der Bauchspeicheldrüse nicht geeignet. Siehe auch Text Seite 111
Paractol (BRD) Kautabl. Dimeticon, Siliciumdioxid, Aluminiumhydroxid **Paractol-flüssig** (BRD) Saft Dimeticon, Siliciumdioxid, Aluminiumhydroxid, Magnesiumhydroxid	Verstopfung, Verminderung der Aufnahme anderer Arzneimittel	**Wenig zweckmäßig** bei den vom Hersteller angegebenen Anwendungsgebieten (Blähungen, Völlegefühl). Wenig sinnvolle Kombination von entschäumendem Mittel (Dimeticon) mit säurebindenden Mitteln (Aluminiumhydroxid, Magnesiumhydroxid). Siehe auch Text Seite 111
Paspertase (BRD/Ö) Drag., Manteldrag. Pankreatin (Lipase Amylase, Protease), Metoclopramid *Rezeptpflichtig (BRD/Ö)*	Bewegungsstörungen (Dyskinesien), Hormonstörungen, Müdigkeit	**Abzuraten** Nicht sinnvolle Kombination von Verdauungsenzymen mit Mittel gegen Erbrechen bzw. Störungen der Magenmotorik (Metoclopramid). Siehe auch Text Seite 111

Präparat	Wichtigste Nebenwirkungen	Empfehlung
Pepsaletten (BRD) Filmtabl. Saft Pepsin, Glutaminsäure	Keine wesentlichen zu erwarten	**Wenig zweckmäßig** Enthält unter anderem eiweißspaltendes Verdauungsenzym (Pepsin), dessen Wirkung für eine normale Verdauung nicht notwendig ist. Siehe auch Text Seite 111
Periactin (Ö) Sirup, Tabl. Cyproheptadin *Rezeptpflichtig (Ö)*	Müdigkeit, Mundtrockenheit, bei Kindern auch Erregung möglich	**Abzuraten** Die Anwendung von Medikamenten zur Behandlung von Appetitstörungen ist nur in seltenen Ausnahmefällen (z. B. Anorexia nervosa) gerechtfertigt. Hierbei versagt auch Cyproheptadin. Siehe auch Text Seite 111
Retterspitz (BRD) Flüssigkeit Aluminiumhydroxid, Kaliumsulfat, Lecithin, organische Säuren, äther. Öle	Keine wesentlichen zu erwarten	**Wenig zweckmäßig** bei den vom Hersteller angegebenen Anwendungsgebieten (Verdauungsstörungen bei Ernährungsstörung). Wenig sinnvolle Kombination von säurebindendem Mittel (Aluminiumhydroxid) mit organischen Säuren und ätherischen Ölen. Siehe auch Text Seite 111
Sab (BRD/Ö) Simplex-Tropfen BRD: Dimeticon, Ö: Simethicon	Keine wesentlichen bekannt	**Wenig zweckmäßig** bei den vom Hersteller angegebenen Anwendungsgebieten (Blähungen). Vertretbar zur Verminderung störender Darmgase bei Röntgenuntersuchungen. Therapeutischer Nutzen von Dimeticon ist zweifelhaft. Siehe auch Text Seite 111
Spasmo Canulase (BRD) Manteltabl. Metixen, Dimeticon, Natriumdehydrocholat, Cellulase aus Aspergillus niger, Pepsin, Glutaminsäure, Pankreatin	Mundtrockenheit, Sehstörungen	**Abzuraten** Wenig sinnvolle Kombination von krampflösendem Mittel (Metixen) mit Entschäumungsmittel (Dimeticon), Gallensäure und Verdauungsenzymen. Siehe auch Text Seite 111

Präparat	Wichtigste Nebenwirkungen	Empfehlung
Symbioflor II (BRD) Tropfen Lebende und tote Bakterien (Escherichia coli.)	Infektionen sind bei bestehenden Erkrankungen im Magen-, Darmbereich nicht auszuschließen	**Abzuraten** Therapeutische Wirksamkeit bei den vom Hersteller angegebenen Anwendungsgebieten (z. B. Aktivierung der körpereigenen Abwehrkräfte, Magen-Darm-Störungen) zweifelhaft. Siehe auch Text Seite 111

Wichtig: Ein Medikament, das als *therapeutisch zweckmäßig* eingestuft wurde, sollte keinesfalls bedenkenlos eingenommen werden. Wenn ein Medikament als *abzuraten* oder *wenig zweckmäßig* bewertet wird, bedeutet das nicht unbedingt, daß Sie sofort aufhören sollen, es einzunehmen. Sprechen Sie mit einem Arzt Ihres Vertrauens darüber.

13.7. Magenmittel in der Schwangerschaft und Stillzeit

Während der Schwangerschaft ist jede unnötige Arzneimitteleinnahme zu unterlassen, jedes nicht genügend in der Praxis erprobte Medikament streng zu meiden. Es ist sinnvoll, zuerst alle Möglichkeiten einer nicht-medikamentösen Behandlung auszuschöpfen, bevor man zu Arzneimitteln greift.
In der Stillzeit sollte man je nach der persönlichen Situation abwägen, ob die Gesundheit der Mutter durch Absetzen des Arzneimittels gefährdet ist. In solchen Fällen ist das Abstillen und die Ernährung des Säuglings mit zubereiteten Mahlzeiten die günstigere Lösung.

Die folgende Zusammenstellung enthält nur Mittel, die in den Medikamentenlisten bzw. dem Textteil (Kapitel 13.1. bis 13.6.) als generell positiv eingestuft werden. Von allen generell als negativ bewerteten Mitteln ist auf jeden Fall in der Schwangerschaft und Stillzeit abzuraten. Die Zusammenstellung der Liste erfolgte anhand des Arzneimittelratgebers »Bittere Pillen«, Ausgabe 1986/87[38].

Säurebindende Mittel – Antazida
(siehe Text und Tabelle Seite 85)

Schwangerschaft:
Im ersten Drittel der Schwangerschaft sind Antazida nicht sinnvoll. In der übrigen Zeit sollten sie wegen nicht auszuschließender Risiken nur in begründeten Fällen eingenommen werden.
Stillzeit:
Säurebinder gehen in die Muttermilch über, gelten aber bei therapeutischer Verwendung als unschädlich für das Kind. In begründeten Fällen ist ihre Einnahme vertretbar.

Mittel zur Hemmung der Magensäureproduktion
(Siehe Text Seite 91)

Schwangerschaft: Pirenzepin (z. B. in *Gastrozepin*) sollte wegen vermuteter Risiken im 1. Drittel der Schwangerschaft nicht verwendet werden. In der übrigen Schwangerschaft nur in begründeten Fällen.
Wegen nicht auszuschließender Risiken sollten alle übrigen in diesem

Kapitel positiv bewerteten Mittel während der Schwangerschaft nur in begründeten Fällen verwendet werden.
Stillzeit:
Cimetidin (z. B. in *Cimetag, Neutromed, Tagamet*), Ranitidin (z. B. in *Sostril, Zantac, Zantic*) und Famotidin (z. B. in *Pepdul*) sollte man wegen der vermuteten Risiken nicht verwenden oder aufhören zu stillen.
Alle übrigen in diesem Kapitel positiv bewerteten Präparate sollte man wegen nicht auszuschließender Risiken nur in begründeten Fällen verwenden.

Schleimhautschutzmittel
(siehe Text Seite 96)

Schwangerschaft:
Prostaglandin (in *Cytotec*) wirkt auf die Gebärmutter. Es darf in der Schwangerschaft nicht eingenommen werden.
Wegen der nicht auszuschließenden Risiken sollte Sucralfat (z. B. in *Ulcogant, Sucralfat-Ratiopharm*) nur in begründeten Fällen eingenommen werden.
Stillzeit:
Prostaglandin (in *Cytotec*) darf wegen der hohen Risiken in der Stillperiode nicht eingenommen werden.
Wegen der nicht auszuschließenden Risiken sollte Sucralfat (z. B. in *Ulcogant, Sucralfat-Ratiopharm*) nur in begründeten Fällen eingenommen oder es sollte abgestillt werden.

Krampflösende Mittel
(siehe Text und Tabelle Seite 98)

Schwangerschaft:
Butylscopolamin (z. B. in *Buscopan*) sollte wegen vermuteter Risiken nur in begründeten Ausnahmefällen verwendet werden. Wegen nicht vertretbarer Risiken (bekannte bzw. vermutete) sollte kein Mittel, das Benzodiazepin enthält (z. B. in *Anxiolit, Diacepam Ratiopharm, Lexotanil, Praxiten, Valium*), verwendet werden.
Beta-Blocker (z. B. *Trasicor*) sollten wegen vermuteter Risiken nur in begründeten Ausnahmefällen verwendet werden.
Stillzeit:
Krampflösende Mittel können die Milchproduktion verringern und in

die Muttermilch übertreten. Wegen nicht auszuschließender Risiken sollte man solche Mittel nur in begründeten Ausnahmefällen verwenden oder aufhören zu stillen.
Benzodiazepine (z. B. *Anxiolit, Diacepam Ratiopharm, Lexotanil, Praxiten, Valium*) können in die Muttermilch übertreten. Wegen der möglichen Nebenwirkungen beim Säugling (Schwierigkeiten beim Füttern und Gewichtsverlust) sollte man sie nicht einnehmen oder aufhören zu stillen.
Beta-Blocker (z. B. *Trasicor*) sollte man wegen vermuteter Risiken nicht verwenden oder aufhören zu stillen.

Mittel gegen Übelkeit und Störungen der Magenentleerung
(siehe Text und Tabelle Seite 107)

Schwangerschaft:
Alle Phenothiazine (z. B. in *Torecan*), Bromoprid (z. B. in *Cascapride*) sollten wegen vermuteter Risiken nur in begründeten Ausnahmefällen verwendet werden. Für die Verwendung von homöopathischen Mitteln (z. B. in *Vertigoheel*) sind bis jetzt keine Risiken bekannt. Eine Verwendung ist deshalb vertretbar.
Stillzeit:
Für die Verwendung von homöopathischen Mitteln (z. B. in *Vertigoheel*) sind bis jetzt keine Risiken bekannt. Eine Verwendung ist deshalb vertretbar.
Alle übrigen in diesem Kapitel positiv bewerteten Mittel können in die Muttermilch übertreten. Wegen der möglichen Nebenwirkungen beim Kind (neurologische Schädigungen durch Phenothiazine, z. B. *Torecan*) sollte man sie nicht verwenden oder aufhören zu stillen. Für Metoclopramid (z. B. in *Gastronerton, Paspertin*) und Domperidon (in *Motilium*) gibt es noch keine ausreichenden Untersuchungen. Man sollte sie nicht verwenden oder aufhören zu stillen.

Mittel gegen andere Magenbeschwerden
(siehe Text und Tabelle Seite 111)

In diesem Kapitel ist kein Mittel uneingeschränkt positiv bewertet. In der *Schwangerschaft* und in der *Stillzeit* ist eine Verwendung daher nicht vertretbar.

14. **Operationen**

Wenn trotz regelmäßiger Anwendung von Entspannungsmethoden und medikamentöser Behandlung ein Geschwür immer wiederkehrt, sollte eine Operation in Betracht gezogen werden. Bei Komplikationen (Blutungen, Durchbruch, Streßgeschwür, siehe Kapitel 7., Seite 38) muß manchmal auch operiert werden. Es gibt verschiedene Techniken, von denen hier die wichtigsten vorgestellt werden sollen.

14.1. Durchtrennung des Vagus-Nervs (Vagotomie)

Ziel dieser Operation, bei der der Vagus-Nerv oder seine zum Magen führenden Verästelungen durchtrennt werden, ist es, die durch ihn gesteuerte Säureproduktion zu verringern. Das Geschwür selbst bleibt dabei unberührt. Es heilt in der Folge gewöhnlich von selbst aus. Im wesentlichen gibt es drei Methoden der Vagotomie:

Methode I *(Trunkuläre Vagotomie):*

Der Nervenstamm wird weit oben bei der Speiseröhre durchtrennt. Das beeinflußt sämtliche Oberbauchorgane.

Methode II *(Selektive Vagotomie):*

Hier werden nur die Nervenäste durchtrennt, die den Magen versorgen. Das vermindert die Magensäure, verzögert aber auch die Magenentleerung.

Methode III *(Selektive Proximale Vagotomie,* kurz: SPV):

(siehe Abbildung 3, Seite 131)

Bei dieser Operationstechnik werden nur die Nervenäste durchtrennt, die die Bildung der Magensäure beeinflussen. Die motorische Funktion des Magens bleibt erhalten.

Dieses Verfahren hat in Westeuropa die anderen verdrängt. Es gilt als Methode der Wahl[1]

- bei Zwölffingerdarmgeschwür
- beim Geschwür nahe dem Magenausgang (Pylorus)
- wenn das Geschwür in einem Zeitraum von mindestens fünf Jahren nachweislich immer wieder auftritt
- wenn der Leidensdruck des/der Betroffenen durch die immer wiederkehrenden Rückfälle zu groß ist.

Die SPV beim Magengeschwür ist umstritten.

Die SPV-Operation ist ein technisch aufwendiger Eingriff, der einen erfahrenen Chirurgen voraussetzt. Nach unvollständiger Vagotomie, bei der an der Rückseite des Speiseöhreneintritts und entlang der kleinen Kurvatur Nervenfasern zurückbleiben, ist die Verminderung der Säureproduktion unzureichend. Die Vollständigkeit sollte während der Operation überprüft werden, alle früher üblichen, nachträglichen Kontrollen (wie Insulintest, Pentagastrintest etc.) sind sinnlos, da eine Korrektur nicht mehr möglich ist.

Operationsnebenwirkungen:

- Gelegentliches Erbrechen, vorübergehende Schluckbeschwerden klingen nach 6–8 Wochen von selbst ab, eine Behandlung ist nicht notwendig.
- Die häufigen Störungen bei der Entleerung von Flüssigkeiten (bis 35 %) können sich spontan bessern, sprechen gut auf den Wirkstoff Metoclopramid (z. B. in *MCP-Ratiopharm, Paspertin*) an.
  Sturzentleerung (Dumping Syndrom) wird mit Diät behandelt (siehe Kap. 14.2. Magenresektion)
- *Durchfälle* (mehr als dreimal täglich dünnflüssiger Stuhl) können mit *Cholestyramin* erfolgreich behandelt werden.

Operationsfolgen:

- Wesentlich seltener als bei der Magenresektion ist ein tödlicher Operationsausgang[2].
- Beim Zwölffingerdarmgeschwür ist innerhalb von 5 Jahren in 8 %, beim Pylorusgeschwür aber in 25–30 % der Fälle mit einem Wiederauftreten des Geschwürs zu rechnen[3].
- Ob in der Folge der Nervdurchtrennung bei Magengeschwüren das Risiko von Magenkrebs steigt, ist noch nicht geklärt[4].

Methode IV *(Drainage):*
Methode I und II kann mit einer sogenannten *Pyloroplastik* kombiniert werden. Dabei wird der Magenausgang erweitert. Dieser Eingriff erleichtert die Magenentleerung.
Vorteil: Er senkt möglicherweise die Gefahr von Rückfällen. Nachteil: Das Risiko von Reflux (Hochströmen von Magensäure) und funktionellen Spätfolgen wie Sturzentleerung und Durchfällen steigt[5].

14.2. Magenteilresektion

Unter Magenteilresektion versteht man die chirurgische Entfernung eines Teiles des Magens[6]. (Fälschlicherweise wird oft dafür das Wort Magenresektion gebraucht, das die Entfernung des gesamten Magens bedeutet.)
Je nach Umfang wird von einer *Antrektemie* (Entfernung nur des Pförtnerabschnitts), einer *Halbresektion, Zweidrittelresektion* oder *Dreiviertelresektion* gesprochen. Je nach Art der Verbindung des Magenrests mit dem Zwölffingerdarm wird die Resektion »nach Billroth I« oder »nach Billroth II« genannt.

Billroth I *(Gastrodoudenostomie)*
(siehe Abbildung 4, Seite 131)
hier werden die Enden des Magenstumpfs und Dünndarmstumpfs direkt miteinander verbunden. Da der Zwölffingerdarm nicht beweglich ist, gelingt dies nicht immer.
Vorteile: weniger Folgeerkrankungen, seltener Krebs am Magenstumpf. Anatomische Form, die der ursprünglichen eher entspricht.

Billroth II *(Gastrojejunostomie):*
(siehe Abbildung 5, Seite 131)
Hier wird der zweite Dünndarmabschnitt, der beweglicher ist, hochgezogen und mit dem Magenstumpf verbunden. Das eröffnete Ende des Zwölffingerdarms wird zugenäht.
Aus dem hochgezogenen Zwölffingerdarm können Verdauungssäfte in den Magen hochlaufen. Um das zu verhindern, können zwei weitere

Operationsvarianten durchgeführt werden *(Braunsche Anastomose, Y-Anastomose)*.
Nachteile der Methode Billroth II:
schlechter funktionierende Aufnahme der Nahrung durch den Darm, Sturzentleerung, Komplikation der *Blinden Schlinge,* häufiger Reflux; höheres Krebsrisiko am Magenstumpf.[7]

Alle Spielarten der Magenresektion haben Vor- und Nachteile.
Welche der Techniken vom Chirurgen gewählt wird, hängt nicht nur von bestimmten Formen der Erkrankung ab, sondern auch manchmal von der Ausbildung und Praxis, bzw. der »Schule« der Chirurgen.

Operationsnebenwirkungen:[8]
Abhängig von der Größe des Eingriffs ist die Teilresektion mit höherem Risiko verbunden als die Durchtrennung des Vagus-Nervs nach der Methode III (SPV).

Sturzentleerung (Dumping Syndrom):
Meist schon 10–20 Minuten nach dem Essen Völlegefühl, vermehrte Darmtätigkeit, Erbrechen, Durchfall, begleitet von Schwäche, Schweißausbruch, Herzklopfen, Schläfrigkeit, eventuell Durchfall. Die Ursache dürfte eine Überdehnung des magennahen Darmabschnitts sein. Manchmal wiederholen sich diese Beschwerden nochmals etwa zwei Stunden später. Ursache: Abfall des Blutzuckers.
Mildern lassen sich die Beschwerden mit:
- Bettruhe gleich nach dem Essen
- kleine Mahlzeiten ohne Flüssigkeit, vier bis achtmal täglich, Vermeiden von Kohlehydraten (Mehl, Zucker)
- langsames Essen
- Medikamente dagegen gibt es nicht, bei 1–2 % der Betroffenen muß die Magen-Darm-Verbindung mit einer neuerlichen Operation korrigiert werden.

Schwund der Magenschleimhaut:
- Bei fast jeder Operation nach Billroth II kann es in der Folge zur Rückbildung der Magenschleimhaut kommen (siehe Kapitel 6.2., Seite 36).
  Das muß nicht behandelt werden.

Durchfall:
Wegen vermehrter Bakterieneinwanderung in den Darm kann es zu Durchfällen kommen. In schweren Fällen (*Blinde Schlinge*) wird vom Körper zu wenig Vitamin B12 und zu wenig Fett aufgenommen, und deshalb entsteht Mangel an den fettlöslichen Vitaminen A, D, E und K. Dies kann labortechnisch festgestellt werden. Behandlung: mit Antibiotika *(Metronidazol, Tetrazykline)*. Nur selten ist eine Operation notwendig.

Gewichtsverlust:
Nach Billroth II-Operation tritt sehr häufig Gewichtsverlust auf. Diese Störung geht von selbst zurück.

Rückfluß von Darmsaft in Magen und Speiseröhre:
Bei jedem fünften Operierten – häufiger nach Billroth II – kommt es zu bitterem Aufstoßen und Schmerzen hinter dem Brustbein, in schweren Fällen zu gelbem Galle-Erbrechen mit Speiseresten.
Behandlung: Antazida; die Wirksamkeit von Metoclopramid (z. B. in *MCP-Ratiopharm, Paspertin*) ist fraglich. Unter Umständen ist eine weitere Operation notwendig.

Erneute Geschwüre:
In etwa 3 % der Fälle treten erneut Geschwüre auf, meist in der Nähe der Nahtstelle, mit der Gefahr von Blutung bzw. Durchbruch. Abheilende Geschwüre können durch die schrumpfende Narbe Engstellen beim Übergang vom Magen zum Darm erzeugen, vor denen sich der Speisebrei staut. Eine erneute Operation ist notwendig.

Blutarmut:
Etwa 20 Jahre nach einer Magenoperation kommt es bei jedem Zweiten zu einer Anämie, in der Mehrzahl wegen Eisenmangels; auch Vitamin-B12-Mangel und – seltener – Folsäuremangel können auftreten.
Behandlung: gezielte Einnahme dieser Substanzen.

Anfälligkeit für Magenkrebs:
Wie hoch das Risiko ist, in Anschluß an die Operation an einem Magenkrebs zu erkranken, ist umstritten. Regelmäßige endoskopische Untersuchungen (siehe Seite 49) etwa ab 15 Jahren nach der Operation werden empfohlen.

Nutzen-Risiko-Abwägung:
Die Vagotomieverfahren sind überlegen.
Im Gegensatz zur heute noch feststellbaren Praxis sollten Resektionsverfahren nur noch mit Zurückhaltung angewendet werden[9].
Die Entscheidung darüber, welche der Methoden der Chirurg wählt, dürfte nicht mehr von seiner Ausbildung und Fertigkeit abhängen. Es ist zu fordern, daß alle Verfahren gleich gut beherrscht werden und die unterschiedlichen Operationstechniken den Erkrankungen entsprechend gewählt werden können.

14.3. Nach der Operation

Die Magen- oder Zwölffingerdarmoperation hat das Ziel, wieder ein denkbar normales, beschwerdefreies Leben möglich zu machen. Das gelingt in den meisten Fällen. Treten Beschwerden auf, wie oben beschrieben, so sollte man mit dem Arzt darüber sprechen. Vom Arzt kann man erwarten, daß er über die richtigen Verhaltensweisen nach der Operation ausführlich und ausreichend informiert.
Der Aufenthalt im Krankenhaus dauert etwa zehn bis vierzehn Tage. Nach der Entlassung sind üblicherweise nur noch wenig Schmerzen an der Operationsnarbe, aber keine mehr im Magen zu spüren. Es kann noch einige Zeit dauern, bis sich wieder ganz unbeschwertes Wohlbefinden einstellt. Es lohnt sich, ein wenig Geduld aufzubringen. Sinnvoll kann es sein, diese Zeit zu nutzen und eine psychotherapeutische Entspannungstechnik zu erlernen (siehe Seite 71).
Es gibt keine spezifische Diät, die den Heilungsverlauf fördern könnte. Prinzipiell dürfen Magenoperierte alles essen und trinken, was ihnen schmeckt. Nur beim Alkoholgenuß muß man nun vorsichtiger sein: Alkohol wird nach der Operation schneller vom Körper aufgenommen. Die gleiche konsumierte Menge bringt nun größere Gefahr für die Gesundheit.
Nach der Vagotomie-Operation (siehe Seite 125) kann man wie gewohnt essen. Allerdings treten anfangs häufig Schluckbeschwerden und Völlegefühl auf. Sie vergehen mit der Zeit von selbst.
Auch *nach Magenresektionen* (siehe Seite 127) darf man alles essen und trinken, worauf man Appetit verspürt. Günstig ist es aber, öfter am Tag kleinere Portionen zu sich zu nehmen. Es dauert etwa drei Monate, bis alles wieder eingespielt ist.

Magenoperationen, schematische Darstellung

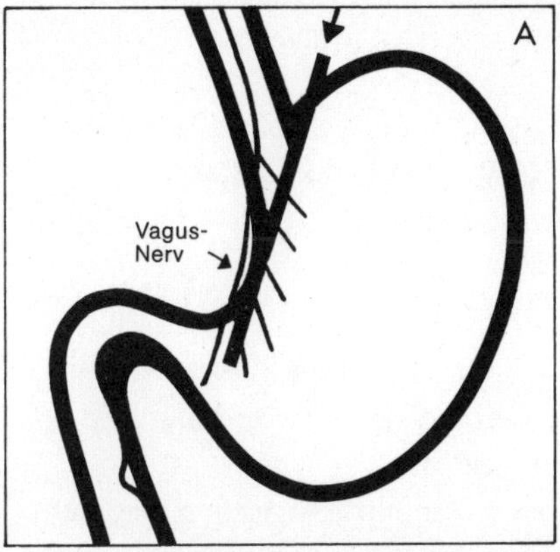

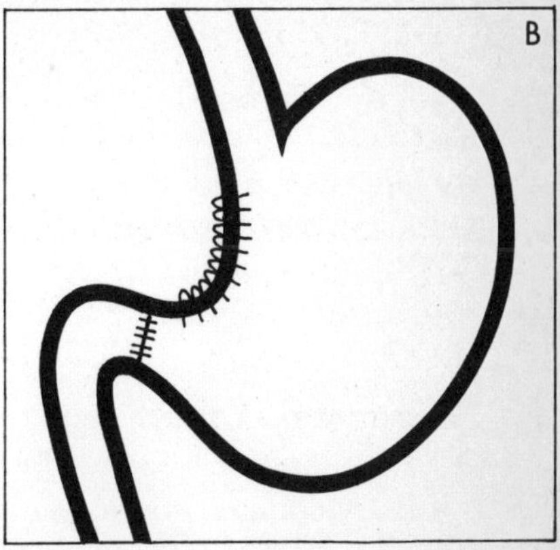

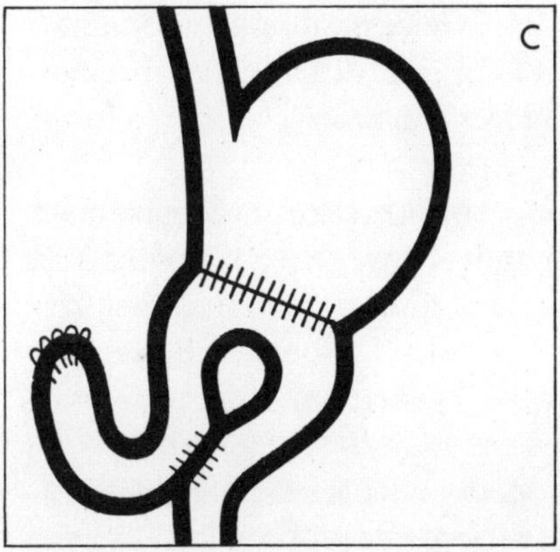

A
Abb. 3:
Selektiv-Proximale Vagotomie

B
Abb. 4:
Magenresektion nach Billroth I

C
Abb. 5:
Magenresektion nach Billroth II,
Variante: Braunsche Anastomose

15. Medikamente, die Magenbeschwerden hervorrufen können

Fast alle Arzneimittel rufen nicht nur die für die Behandlung erwarteten Wirkungen, sondern auch eine Reihe von meist unerwünschten Effekten, die sogenannten Nebenwirkungen, hervor.
Sehr viele Medikamente können – bei normaler Dosierung bzw. bei Überdosierung – verschiedene Magenbeschwerden auslösen, wie z. B. Magendruck, Blähungen, Übelkeit, Brechreiz, Sodbrennen, Schmerzen und Blutungen der Magenschleimhaut (die sich in Bluterbrechen zeigen und tags darauf in schwärzlich gefärbtem Stuhl).

Von Bedeutung kann dabei sein, in welcher Form man ein Medikament einnimmt. Wenn vom Hersteller nicht anders angegeben und vom Arzt nicht anders verordnet, ist es vorteilhaft, Medikamente mit Flüssigkeit einzunehmen. Sie sollten auf keinen Fall in den Falten der Speiseröhre hängenbleiben und – wenn nicht anders angegeben – im leeren, nüchternen Magen auf die Schleimhaut einwirken.
Treten nach längerer Einnahme eines Medikaments oder nach der Einnahme eines neuen Mittels Magenbeschwerden auf, so sollte man auf jeden Fall darüber mit dem Arzt sprechen.
Sollten Sie den Eindruck haben, das vom Arzt verordnete Medikament ist die Ursache Ihres Magenschmerzes, hören Sie dennoch nicht sofort mit der Einnahme auf, sondern sprechen Sie mit Ihrem Arzt darüber.

Im folgenden werden jene Wirkstoffe aufgelistet, die nachweislich Schädigungen an der Schleimhaut (Blutungen, Geschwüre, Perforation) verursachen können.
Sie sind in verschiedene Medikamentengruppen gegliedert, die gegen bestimmte Beschwerden angeboten werden. In diesen Gruppen finden sich dann die am häufigsten verkauften Präparate in alphabetischer Reihenfolge, die einen dieser Inhaltsstoffe enthalten.

15.1. Medikamente, die Geschwüre und Blutungen in Speiseröhre, Magen und Zwölffingerdarm hervorrufen können

Schmerzmittel

Inhaltsstoffe:
Acetylsalicylsäure (ASS), enthalten z. B. in:
Alka Seltzer (BRD/Ö), Ascorbisal (Ö), Aspirin (BRD/Ö), Aspirin C (Ö), Aspirin Junior (BRD), Aspirin plus (BRD), Aspro (BRD/Ö), ASS-500 (BRD), ASS-Antos (Ö), ASS-Dura (BRD), ASS-Fridetten (BRD), ASS-Ratiopharm (BRD), ASS-Woelm (BRD), Boxazin (BRD), Contraneural N (BRD), Dolviran (BRD), Dolomo TN (BRD), Gelonida NA (BRD), Iromin (Ö), Neuralgin N (BRD), Octadon (BRD), Parkemed (BRD/Ö), Silentan (BRD), Thomapyrin (BRD), Togal (BRD/Ö), Treupel N (BRD/Ö);
Emeproniumbromid, z. B. in: *Cetiprin (Ö);*
Mefenamsäure, z. B. in: *Parkemed (BRD/Ö).*

Starke Schmerzmittel

Inhaltsstoff: Buprenorphin
Dieser Inhaltsstoff ist enthalten z. B. in: *Temgesic (BRD).*

Mittel gegen rheumatische Beschwerden

Inhaltsstoffe:
Acemetacin, enthalten z. B. in: *Rantudil (BRD);*
Acetylsalicylsäure (ASS), z. B. in: *Malinert (BRD);*
Carprofen, z. B. in: *Imadyl (BRD);*
Chloroquin, z. B. in: *Resochin (BRD/Ö);*
Dexamethason, z. B. in: *Dexamonozon (BRD), Dexa Norgesic (BRD), Rheumesser (Ö), Supertendin (BRD), Ultra Demoplas (BRD);*
Diclofenac, z. B. in: *B-Voltaren (BRD), Delphimix (BRD), Voltaren (BRD/Ö)*
Diflunisal, z. B. in: *Fluniget (BRD);*
Ibuprofen, z. B. in: *Brufen (BRD/Ö), Ibu-Attritin (BRD);*
Indometacin, z. B. in: *Amuno (BRD), Amuno M (BRD), Indo-Arcana (Ö), Indosid (Ö), Indo-Phlogont (BRD), Indomet-ratiopharm (BRD);*

Indoprofen, Isoxycam, z. B. in: *Pacyl (BRD);*
Ketoprofen, z. B. in: *Alrheumun (BRD), Orudis (BRD), Profenid (BRD);*
Naproxen, z. B. in: *Apranax (BRD), Proxen (BRD / Ö);*
Phenylbutazon, z. B. in: *Ambene (BRD / Ö), Ambene N (BRD / Ö), Butazolidin (BRD / Ö), Dexa Norgesic (BRD), Dolo-Attritin (BRD), Tomanol (BRD / Ö);*
Proxicam, z. B. in: *Felden (BRD / Ö);*
Tetracosactid, z. B. in: *Synacthe (BRD / Ö);*
Tiaprofensäure, z. B. in: *Surgam (BRD).*
Die Nebenwirkungen sind verschieden stark. Nach Piroxicam *(Felden)* treten zehnmal häufiger Blutungen auf als nach Indometacin *(Indo-Arcana, Indocid, Indo-Phlogont, Indomet-ratiopharm)* bzw. fast hundertmal häufiger als nach Ibuprofen *(Brufen, Ibu-Attritin).*

Entzündungshemmende Mittel (Glukokortikoide)

Inhaltsstoffe:
Betamethason, enthalten z. B. in: *Betnesol (Ö), Celestan (BRD), Celestan-Biphase (Ö), Celestan-Depot (BRD), Celestan solubile (BRD), Diprophos (Ö), Diprosone Depot (BRD), Solu Celestan (Ö);*
Dexamethason, z. B. in: *Corto Tavegil (BRD), Decadron-Phosphat (BRD), Dexamethason Linz (Ö), Fortecortin (BRD / Ö);*
Fluocortolon, z. B. in: *Ultralan (BRD / Ö);*
Methylprednisolon, z. B. in: *Urbason (BRD / Ö), Urbason-Solubile (BRD / Ö);*
Prednisolon, z. B. in: *Aprednislon (Ö), Decortin H (BRD), Prednis-H (BRD), Prednisolon (Ö), Solu-Dacortin (Ö), Solu Decortin H (BRD);*
Prednison, z. B. in: *Decortin (BRD), Rectodelt (BRD);*
Prednyliden, z. B. in: *Decotylen (BRD);*
Triamcinolon, z. B. in: *Delphicort (BRD / Ö), Triam-Injekt (BRD), Volon (BRD / Ö), Volon A (BRD / Ö).*

Mittel gegen Bronchitis und Asthma

Inhaltsstoffe:
Aminophyllin, enthalten z. B. in: *Euphyllin (BRD / Ö), Mundiphyllin (Ö), Phyllotemp (BRD);*
Theophyllin, enthalten z. B. in: *Afonilum (BRD), Asthma 23 D (Ö),*

Asthma Longoral (BRD/Ö), Bronchoretard (BRD), Ditenate (BRD/Ö), Isophyllin (Ö), Neobiphyllin (BRD/Ö), Perphyllon (BRD/Ö), Perspiran (BRD/Ö), Priatan (BRD/Ö), Solosin (BRD), Theophyllin-Retard-Ratiopharm (BRD), Uniphyllin (BRD).

Mittel gegen Erbrechen

Inhaltsstoff:
Betahistin, enthalten z. B. in: *Aequamen (BRD), Betaserc (Ö), Vasomotal (BRD).*

Mittel gegen Infektionen (Antibiotika)

können, wenn sie beim Schlucken in der Speiseröhre hängenbleiben, Schleimhaut und Wand der Speiseröhre schädigen und zu einem Durchbruch führen. Dazu gehören Penicilline, Breitbandpenicilline, Cephalosporine, Chloramphenicol, Trimethoprim, Sulfonamide, Makrolide, Aminoglykoside und Tetracycline. Tetracycline können brennende Schmerzen, schmerzhaftes Schlucken, Geschwüre in der Speiseröhre und im Magenbereich auslösen.
Inhaltsstoffe:
Chlortetracyclin, z. B. enthalten in: *Aureomycin (BRD/Ö);*
Doxycyclin, z. B. in: *Azudoxat (BRD), Dotur (Ö), Doxy-Tablinen (BRD), Doxycyclin (Ö), Doxycyclin-Ratiopharm (BRD), Doxy-Wolff (BRD), Sigadoxin (BRD), Vibramycin (BRD/Ö), Vibravenös (BRD/Ö);*
Minocyclin, z. B. in: *Klinomycin (BRD);*
Oxytetracyclin, z. B. in: *Terramycin (BRD/Ö), Tetra-Tablinen (BRD/Ö);*
Tetracyclin, z. B. in: *Achromycin (BRD/Ö), Eftapan (Ö), Hostacyclin (BRD/Ö), Quimocycin (BRD), Tetracyclin (BRD), Tetralysal (BRD, Traumanase Cyclin (BRD).*
Clindamycin, z. B. in: *Negram (Ö), Nogacid (BRD), Nogram (BRD);*
Nalidixsäure, z. B. in: *Dalacin C (Ö).*

Mittel gegen Bluthochdruck

Inhaltsstoffe:
Rauwolfia = Reserpin, enthalten z. B. in: *Adelphan Esidrex (BRD/Ö), Asgoviscum forte (BRD), Bendigon (BRD/Ö), Brinerdin (Ö), Briserin*

(BRD), Caprinol (BRD), Darebon (BRD), Durotan (BRD), Elfanex (BRD/Ö), Raufuncton (BRD/Ö), Resaltex (BRD/Ö), Suprenoat (Ö), Terbolan (Ö).

Mittel gegen Allergien (Antihistaminika)

Inhaltsstoff:
Dexachlorphoniramin, enthalten z. B. in: *Celestamin (Ö), Celestamine (BRD).*

Herz- und Kreislaufmittel

Inhaltsstoffe:
Naftidrofuril, enthalten z. B. in: *Dusodril (BRD/Ö);*
Mexiletin, z. B. in: *Mexitil (BRD/Ö);*
Pflanzliche Glykoside, z. B. in: *Cor-Vel (BRD).*

Mittel gegen Blutgerinnsel

Inhaltsstoffe:
Coumarin, enthalten z. B. in: *Marcoumar (BRD), Marcumar (Ö), Sintrom (BRD/Ö);*
Heparin, z. B. in: *Heparin-Dihydergot (BRD/Ö), Heparin Immuno (Ö), Heparin-Natrium (BRD), Heparin Novo (BRD/Ö).*
Warfarin, z. B. in: *Coumadin Tabl. (BRD).*

Pilzmittel

Inhaltsstoff:
Amphotericin, enthalten z. B. in: *Ampho Moronal (BRD/Ö), Amphotericin B (BRD/Ö).*

Mittel gegen Mangelerscheinungen

Inhaltsstoff:
Kaliumsalz retard, enthalten z. B. in: *Kalinor (BRD/Ö), KCL-retard Zyma (BRD/Ö).*

Tabletten gegen Zuckerkrankheit

Inhaltsstoff:
Guarmehl, enthalten z. B. in: *Glucotard (BRD)* kann, wenn es beim Schlucken stecken bleibt, den Durchbruch der Speiseröhre verursachen.

Anmerkungen

Kapitel 1

1 Sonnenberg A., Arnold R., Fritsch A., Epidemiologie und Genetik der Ulkuskrankheit, in: Blum A. L., Siewert J. R., Ulcustherapie, 2. Aufl., Berlin/Heidelberg/New York 1982, S. 67
2 Knoche B., Verdauungsstörungen, Köln–Braunsfeld, 1975, S. 79
3 Faller A., Der Körper des Menschen, 8. Aufl., Stuttgart 1978, S. 360f.
4 Lorenz W., Reimann H.-J., Fischer M., Pathogenese der akuten gastroduodenalen Läsion, in: Blum A. L., Siewert J. R., Ulcustherapie, 2. Aufl., Berlin, Heidelberg, New York 1982, S. 76
5 Wesiack W., Grundzüge der psychosomatischen Medizin, Berlin u. a., 1984, S. 114
6 Wie Anm. 5., S. 102
7 Langbein K., Martin H.-P., Weiss H., Bittere Pillen, Neuausg. 1986/87, Köln 1985, S. 685
8 Wie Anm. 7, S. 687
9 Inserat Nervogastrol, Pharmazeutische Rundschau, 2, 1986
10 Inserat, Bild am Sonntag, Sept. 1983
11 Wie Anm. 7, S. 686
12 Inserat Medical Tribune, 40, 1983
13 Inserat Österreichische Ärztezeitung, 1986
14 Wie Anm. 7, S. 686
15 arznei-telegramm, Berlin, 6/82, S. 59
16 New England Medical Journal, 304, 1981, S. 1281
17 Wie Anm. 15
18 arznei-telegramm 6, 1986, Juni 1986, S. 1
19 Wie Anm. 15
20 Klement, Ulkustherapie heute, in: Österr. Apothekerzeitung, 38. Jg. Folge 10, März 1984

21 Transparenz-telegramm 1985/86, Berlin 1985, S. 15
22 Pharmazeutische Zeitung 127, 1982, Heft 28, S. 1482
23 Schwabe, U., Paffrath D., Arzneiverordnungsreport, Stuttgart/New York, 1985, S. 124
24 Sonnenberg, A. et al, Was kostet ein Ulkus?, in: Blum, A. L., Siewert J. R., Ulcustherapie, Berlin/Heidelberg/New York, 2. Aufl., 1982, S. 138f.

Kapitel 2

1 Nach: Faller, A., Der Körper des Menschen, 8. Aufl., Stuttgart 1978, S. 131f.
2 Brunner, H., Für den informierten Patienten, Wien, o. J., S. 6

Kapitel 3

1 Schüffel, W., Uexküll, Th., Funktionelle Syndrome im gastroduodenalen Bereich, in: Uexküll, Th., Hrsg., Lehrbuch der Psychosomatischen Medizin, 2. Aufl., München, Wien, Baltimore 1981, S. 479
2 Zimprich, H., Kind und Umwelt, Wien/New York, 1980, S. 180
3 Wesiack, W., Das ärztliche Gespräch – Versuch einer Strukturanalyse, in: Uexküll, Th., Lehrbuch der Psychosomatischen Medizin, 2. Aufl., München/Wien/Baltimore, 1981, S. 479
4 Ottenjann, R., Höchter, W., Notwendige Diagnostik des peptischen Ulkus, in: Blum, A. L., Siewert, J. R., Ulkustherapie, Berlin/Heidelberg, 2. Aufl. 1982, S. 471f

Kapitel 4

1 Eigenrecherche, Interview
2 Stockbrügger, R. W., Ulkus, Biberach/Riss, o. J., S. 226
3 Way, L. W., Abdominal pain, in: Schüffel, W., Uexküll, Th., Funktionelle Syndrome im gastrointestinalen Bereich, in: Uexküll, Th., Lehrbuch der

Psychosomatischen Medizin, München/Wien/Baltimore, 2. Aufl., 1981, S. 477

4 Krentz, K., Gastritis, in: Demling, L., Lehrbuch der Inneren Medizin, Bd. 3, Berlin/Heidelberg/New York, 1974, S. 532

5 Almy, P. F., in: Schüffel W., Uexküll, Th., Funktionelle Syndrome im gastrointestinalen Bereich, in: Uexküll, Th., Lehrbuch der Psychosomatischen Medizin, München/Wien/Baltimore, 2. Aufl., 1981, S. 476

6 The Lancet, Nr. 8493, 6, 1986, S. 1306f.

7 Schüffel, W., Uexküll Th., Funktionelle Syndrome im gastrointestinalen Bereich, in: Uexküll, Th., Lehrbuch der Psychosomatischen Medizin, München/Wien/Baltimore, 2. Aufl. 1981, S. 479

8 Wirtschafts- und sozialpolitische Zeitschrift des IWS, Arbeiterkammer OÖ, 1984

9 Blohmke, M., Reimer, T., Krankheit und Beruf, Heidelberg 1980, S. 212f

10 Jansen, G., Hrsg., Kompendium der Arbeitsmedizin, Köln 1982, S. 27

11 Wie Anm. 9, S. 193

12 Wie Anm. 10, S. 72

13 Uexküll, Th., Funktionelle Syndrome in der inneren Medizin, in: Lehrbuch der Psychosomatischen Medizin, München/Wien/Baltimore, 2. Aufl., 1981, S. 459

14 Krag, E., Danish. Med. Bull., 1969, Jg. 16, S. 6ff., in: Stockbrügger, R. W., Ulkus, Biberach/Riss, o. J., S. 226

15 Wie Anm. 5, S. 483

16 Wie Anm. 5, S. 481

17 Ewe, K., Allgemeine Maßnahmen, in: Blum, A. L., Siewert, R. L., Ulcustherapie, Berlin/Heidelberg/New York, 2. Aufl. 1982, S. 169

18 Glätzel, H., Sinn und Unsinn der Diätetik, Wien/München/Baltimore, 1978, S. 55

19 Wie Anm. 17, S. 171f.

20 Nyren, O., et al, Absence of therapeutic benefit from antacides or cimetidine in non-ulcer-dyspepsia, New England Journal of Medicine, 1986, 314, S. 339f., in: The Lancet, Nr. 8493, London, 6, 1986

21 Schüffel, W., Uexküll, Th., Funktionelle Syndrome im gastroduodenalen Bereich, in: Uexküll, Th., Hrsg., Lehrbuch der Psychosomatischen Medizin, München/Wien, 2. Aufl. 1982, S. 483

Kapitel 5

1 Brunner, H., Für den informierten Patienten, Wiern, o. J., S. 12
2 Pschyrembel, W., Klinisches Wörterbuch, 254. Aufl., Berlin/New York, 1982, S. 487
3 Wie Anm. 2
4 Rothmund, M., Therapeutisches Prinzip: Resektion, in: Blum, A. L., Siewert, J. R., Ulkustherapie, Wien/Heidelberg/New York, 2. Aufl. 1982, S. 437
5 arznei-telegramm 3/86, Berlin, März 1986, S. 2
6 Schettler, G., Innere Medizin II, Stuttgart 1970, S. 148
7 Wie Anm. 2
8 Wie Anm. 1, S. 13

Kapitel 6

1 Krentz, K., Gastritis, in: Demling, L., Hrsg., Lehrbuch der Inneren Medizin, Bd. 3, Berlin/Heidelberg/New York, 1974, S. 529f.
2 Wie Anm. 1, S. 535
3 Rösch, W., Pathogenese und klinische Bedeutung der Gastritis, in: Blum/Siewert, Ulcustherapie, Heidelberg/New York, 1982, S. 95
4 Wie Anm. 3, S. 96
5 Wie Anm. 1, S. 538
6 Wie Anm. 3, S. 97
7 Wie Anm. 3, S. 103
8 Wie Anm. 3, S. 103
9 Blum, A. L., Siewert, J. R., Ulcustherapie, Berlin/Heidelberg/New York, 2. Aufl. 1986, S. 103
10 Wie Anm. 9

Kapitel 7

1 Sonnenberg, A., Arnold, R., Fritsch, A., Epidemiologie und Genetik der Ulkuskrankheit, in: Blum/Siewert, Ulcustherapie, 2. Aufl., Heidelberg/New York, 1982, S. 3

2 Stacher, G., Psychotherapie?, in: Blum/Siewert, Ulcustherapie, 2. Aufl., Heidelberg/New York 1982, S. 192
3 Blum, a. L., Siewert, J. R., Konsequenzen, in: Ulcustherapie, 2. Aufl., Heidelberg/New York, 1982, S. 109
4 Stacher, G., Blum, A. L., Psyche, zentrales Nervensystem und Gastrointestinaltrakt, in: Dte. med. Mschr., M 1, Stuttgart/New York, 1986, S. 823
5 Ewe, K., Allgemeine Maßnahmen, in: Blum/Siewert, Ulcustherapie, Heidelberg/New York, 2. Auflage 1982, S. 176
6 Jansen, G., Kompendium der Arbeitsmedizin, Köln 1982, S. 72
7 Wie Anm. 1, S. 5
8 Blohmke, M., Reimer, F., Krankheit und Beruf, Heidelberg 1980, S. 193
9 Wie Anm. 8
10 Wie Anm. 1, S. 6, und: Arminger et al, Wiso, Lebens- und Arbeitsbedingungen der Arbeitnehmer, Linz 1982, S. 153f.
11 Biebl, W., Kienzl, J., Platz T., Judmeier G., Die Ulkuskrankheit, in: Der praktische Arzt, 514 A, Wien 1985, S. 279
12 Wie Anm. 1, S. 3, S. 13
13 Müller-Lissner, S. A., Symptomatik des peptischen Ulcus, in: Blum/Siewert, Ulcustherapie, Heidelberg/New York, 2. Aufl. 1982, S. 113ff.
14 Wie Anm. 13
15 Pschyrembel, Klinisches Wörterbuch, Berlin/New York 1982, S. 1240f.
16 Wie Anm. 13
17 Börsch, G., Coenen, C., Häufigkeitsschwankungen bei ulcera duodeni: Fakt, Artefakt, Fiktion?, in: Zeitschrift f. Gastroenterologie, 24 Jg., 1986, Heft 8, S. 437
18 Holtermüller, K. H., Natürlicher Verlauf der Ulcuskrankheit, in: Blum, A. L., Siewert, J. R., Ulcustherapie, Berlin/Heidelberg/New York, 2. Aufl., 1982, S. 124
19 Lippert, H., Von Kopf bis Fuß, Nutzen und Risiken von Operationen, Köln 1986, S. 218
20 Lorenz, W., Reimann, H. J., Fischer, M., Pathogenese der akuten gastrointestinalen Läsionen, in: Blum/Siewert, Ulcustherapie, Berlin/Heidelberg/New York, 2. Aufl. 1982, S. 72
21 Blum, A. L., Siewert, J. R., Konsequenzen, in: Ulcustherapie, 2. Aufl. 1982, Berlin/Heidelberg/New York, S. 345
22 Wie Anm. 21, S. 345–51
23 Holtermüller, K.-H., Therapieziele beim peptischen Ulcus, in: Blum/Siewert, Ulcustherapie, Berlin/Heidelberg/New York 1982, S. 519/521
24 Unterlagen: siehe Kap. 13. Medikamente, Anm. 1
24a arznei-telegramm 8/86, Berlin, August 1986, S. 76
25 Blum, A. L., Siewert, J. R., Ulcustherapie, Berlin/Heidelberg/New York, 2. Aufl. 1982, S. 537

26 Transparenz-telegramm, Berlin, 1985/86, S. 34
27 Wie Anm. 21, S. 351
28 Transparenz-telegramm, 1985/86, Berlin, 1985, S. 35

Kapitel 8

1 Brühlmann, N., Notwendige Diagnostik des peptischen Ulkus, Radiologie, in: Blum/Siewert, Ulcustherapie, Berlin/Heidelberg, 2. Aufl., 1982, S. 481 f.
2 Wie Anm. 1, S. 481
3 Ottenjann, R., Höchter, W., Notwendige Diagnostik des peptischen Ulkus: Endoskopie, in: Blum/Siewert, Ulcustherapie, Berlin/Heidelberg/New York, 2. Aufl., 1982, S. 473
4 Domschke, S., Domschke, W., Funktionstest, in: Blum/Siewert, Berlin/Heidelberg, 2. Aufl. 1982, S. 494
5 Cahn, A. M., Carayon, P., Hill, C., Flamant, R., Acupuncture in Gastroscopy, in: The Lancet 4, London 1978
6 Blum, A. L., Siewert, J. R., Konsequenzen, in: Blum/Siewert, Ulcustherapie, Berlin/Heidelberg, 2. Aufl., 1982, S. 509
7 Wie Anm. 6
8 Wie Anm. 6, S. 496, und: Brunner, H., Pathophysiologie und Pharmakologie des peptischen Geschwürs, München/Wien/Baltimore 1982, S. 64
9 Wie Anm. 6, S. 497
10 Wie Anm. 6, S. 500
11 Wie Anm. 6, S. 510

Kapitel 9

1 Ewe, K., Allgemeine Maßnahmen, in: Blum/Siewert, Ulcustherapie, Heidelberg/New York, 2. Aufl. 1982, S. 165
2 Wie Anm. 1, S. 172
3 Wie Anm. 1, S. 177 f.
4 Consilium cedip, Naturheilweisen, München 1986, S. 56 und 101
5 Wie Anm. 1, S. 101
6 Wie Anm. 2

7 Nach: Palos, St., Atem und Meditation, moderne chinesische Atemtherapie, Bern/München/Wien, 1974, und: Wallnöfer, H., Besser als tausend Pillen, Hamburg 1967
8 Nach: Shiatsu, die japanische Fingerdrucktherapie, 5. Aufl., Freiburg 1983
9 Pahlow, M., Meine Heilpflanzentees, München, o. J., S. 42
10 Weiss, R. F., Lehrbuch der Phytotherapie, 6. Aufl., Stuttgart 1985, S. 41
11 Hänsel, R., Haas, A., Therapie mit Phytotherapeutika, Berlin/Heidelberg/New York/Tokyo, 1983, S. 128
11a Schätzung laut Österr. Ärztezeitung, Jg. 40, Heft 37, Wien 1986, S. 784
12 Nach: Wie Anm. 9, S. 45–49, und. Wichtl, M., Teedrogen, Handbuch für Ärzte und Apotheker, Stuttgart 1984
13 Dukes, M. N. G., Meyler's Side effects of drugs, 10 th Ed., Amsterdam/New York/Oxford, 1984, S. 702, 895
14 Wie Anm. 10, S. 89

Kapitel 10

1 Kubiena, G., Erkenntnisse einer 3-Jahresstatistik des Ludwig-Boltzmann-Institutes für Akupunktur in Wien, 1976–1978, Wien 1985
2 Meng, Ch-L., Die Akupunkturbehandlung des Verdauungstraktes, in: Erfahrungsheilkunde 8, Heidelberg, 1981, S. 639
3 Wie Anm. 2
4 Bischko, J., Indikationen für die Akupunktur, in: Einführung in die Akupunktur, 14. Aufl., Heidelberg, S. 64
5 Weißmann, R., Therapeutische Akupunktur in der Gastroentereologie, in: Fortschritte der Medizin, 96. Jg., Nr. 17, 1978, S. 901 f.
6 Cahn, A. M., Carayon, P., Hill, C., Flamant, R., Acupuncture in Gastroscopy, in: The Lancet, London 1978, S. 182 f.
7 Dicke, E., Schlick, H., Wolff, A., Bindegewebsmassage, 10. Aufl., Stuttgart 1977
8 Fellenberg-Ziegler, A., Homöopathische Arzneimittellehre oder kurzgefaßte Beschreibung der gebräuchlichsten homöopathischen Arzneimittel, 16. Aufl., Heidelberg 1977, S. XIII, und:
Dorcsi, M., Bewährte Indikationen der Homöopathie, Karlsruhe 1985, und:
Quilisch, W., Homöopathische Differentialdiagnose, 2. Aufl., 1980

Kapitel 11

1 Lohmann, R., Suggestive und übende Verfahren, in: Uexküll, Th., Hrsg., Lehrbuch der Psychosomatischen Medizin, München/Wien, 2. Aufl. 1982, S. 410
2 Schultz, J. H., Übungsheft für das autogene Training, 15. Aufl., Stuttgart 1972
3 Wie Anm. 1, S. 417
4 Wie Anm. 1, S. 420
5 Wie Anm. 1, S. 422
6 Wie Anm. 1, S. 421, und: Jacobsen, E., Progressive relaxation, Chicago 1938
7 Spiegelberg, U., Hypnose und autogenes Training in der gegenwärtigen inneren Medizin, Therapiewoche 18, 1968, S. 106f., in: wie Anm. 1, S. 413
8 Wie Anm. 1, S. 412
9 Wie Anm. 1, S. 413
10 Langen, D., Gestufte Aktivhypnose, 3. Aufl., Stuttgart 1969, in: Wie Anm. 1, S. 414

Kapitel 12

1 Strotzka, H., Hrsg., Psychotherapie, Grundlagen, Verfahren, Indikationen, München/Berlin/Wien 1975
2 Wesiack, W., Psychoanalyse und psychoanalytisch orientierte Therapieverfahren, in: Uexküll, Th., Hrsg., Lehrbuch der Psychosomatischen Medizin, Wien/München/Baltimore, 2. Aufl., 1981, S. 359
3 Wie Anm. 2, S. 349
4 Wie Anm. 2, S. 351
5 Wie Anm. 2, S. 355
6 Wie Anm. 2, S. 356
7 Wie Anm. 2, S. 358
8 Wie Anm. 7
9 Wie Anm. 7
10 Wie Anm. 2, S. 359
11 Kickbusch, I., Trojan, A., Gemeinsam sind wir stärker, Selbsthilfegruppen, Selbstbehandlung und Selbsterkenntnis in eigenverantwortlichen Gesprächsgruppen, Reinbeck, 1978
12 Wirsching, M., Familiendynamik und Familientherapie in der Psychosomatik, in: Uexküll, Th., Hrsg., Lehrbuch der psychosomatischen Medizin, München/Wien, 3. Aufl., 1986, S. 307

Kapitel 13

1 Langbein, K., Martin, H.-P., Weiss, H., Bittere Pillen, Köln 1985, S. 85
2 Die folgenden Angaben zu den Arzneimitteln stützen sich vor allem auf: British National Formulary, London 1983; Drug Facts and Comparisons, St. Louis 1982, Lory, J. W., The Essential Guide to Prescription Drugs, New York 1985; Transparenz-telegramm, Berlin 1986; Weber, E., Taschenbuch der unerwünschten Arzneiwirkungen, Stuttgart/New York, 1983; AMA Drug Evaluations, Philadelphia 1983; USPDI, Vol. 1, Vol. 2, Rockville 1984, Bittere Pillen, Ausgabe 1986/87, Köln 1985. Angaben der Inhaltsstoffe und der Indikationsansprüche der Markenpräparate laut Rote Liste 1986; Austria Codex 1985/86
3 Rösch, W., Antacida, in: Blum, A. L., Siewert, J. R., Ulcustherapie, Berlin/Heidelberg/New York, 2. Aufl. 1982, S. 218
4 Transparenz-telegramm 1985/86, Berlin 1985, S. 14
5 Wie Anm. 4, S. 32
6 USPDI, Advice for the Patient, Rockville, Maryland, 1983, S. 57
7 Der Arzneimittelbrief, Berlin, Jg. 16, Nr. 10, S. 90
8 Wie Anm. 4, S. 33
9 Wie Anm. 4, S. 33
10 Klement, A., Ulkustherapie heute, in: Öst. Apothekerzeitung, 38. Jg. Folge 10, 1984, S. 190
11 arznei-telegramm 6/86, Juni 1986, S. 1
12 Wie Anm. 4, S. 35
13 Wie Anm. 11, S. 1
14 drugs and therapeutics bulletin, Vol. 21, Nr. 17, Aug. 1983, S. 65–67
15 Wie Anm. 11, S. 2
16 Fritsch, W. P., Scholten, Th., Pirenzepin, in: Blum, A. L., Siewert, J. R., Ulcustherapie, Berlin/Heidelberg/New York, 2. Aufl. 1982, S. 290f.
17 Wie Anm. 4, S. 36
18 Sewing, K. F., Prostaglandine beim Ulkus?, in: Zeitschrift F. Gastroenterologie, Jg. 24, 1986, Heft 5, S. 25, und: Fritsch, P. W., Andere Sekretionshemmer und Medikamente zur Förderung der Schleimhautresistenz, in: Blum, A. L., Siewert, J. R., Ulcustherapie, Berlin/Heidelberg/New York, 2. Aufl. 1982, S. 308
19 zit. nach: Wie Anm. 1, S. 85
20 Der Arzneimittelbrief, Jg. 14, Berlin 1980, S. 116
21 Wie Anm. 20, S. 116
22 Arzneimittelkommission der Deutschen Ärzteschaft, Arzneiverordnung 1984, S. 146
23 Arzneimittelkommission der Deutschen Ärzteschaft: Wirkstoffalternativen

zur Schmerzbehandlung und Fiebersenkung, in: Deutsches Ärzteblatt, Jg. 78, 1981, S. 239f.
24 Wie Anm. 1, S. 46f.
25 Transparenz-telegramm 1985/86, Berlin 1985, S. 736
25a Langbein, K., Martin, H. P., Weiss, H., Bittere Pillen 1986/87, Köln, 1985, S. 120
25b Wie Anm. 25a, S. 148
26 Handbook of Nonprescription Drugs, Washington 1979, S. 55
27 Füllgraff, G., Palm, D., Pharmakotherapie, klinische Pharmakologie, Stuttgart 1982, S. 147
28 AMA Drug Evaluations, 5th Ed., 1983, S. 520–529
29 Möhr, P., Mittel gegen Reisekrankheit, in: Pharma-Kritik, Jg. 4, Nr. 17, Wil 1982, S. 65–68
30 Wie Anm. 20, S. 536, und: Arzneiverordnungen, Köln 1981, S. 222
31 Erkennung, Behandlung und Verhütung der tardiven Dyskinesie, in: arznei-telegramm 2, Berlin 1980, S. 10
32 Schmidt, S., Behandlung des Colon Irritable, in: Pharma-Kritik, Jg. 5, Nr. 23, Dez. 1983, S. 89–92
33 arznei-telegramm 6/86, Juni 1986, S. 47
34 Wie Anm. 4, S. 23
35 Schwabe, U., Paffrath, D., Arzneiverordnungs-Report 1985, Stuttgart/New York, 1986, S. 125
36 Wie Anm. 35
37 Martindale, The Extra Pharmacopoeia, London 1982, S. 1308
38 Wie Anm. 1, S. 997f.

Kapitel 14

1 Siewert, J. R., Bauer, H., Therapeutisches Prinzip: Vagotomie, in: Blum, A. L., Siewert, J. R., Ulcustherapie, Berlin/Heidelberg/New York, 2. Aufl. 1982, S. 382f.
2 Wie Anm. 1, S. 370f.
3 Pace, F., Müller-Lissner, S. A., Das pylorische Ulcus, in: Blum, A. L., Siewert, S. R., Ulcustherapie, Berlin/Heidelberg/New York, 2. Aufl., 1982, S. 41
4 Wie Anm. 1, S. 377
5 Hollinger, A., Largiader, F., Therapeutisches Prinzip: Pyloroplastik und Pylorusdilatation, in: Blum, A. L., Siewert, J. R., Ulcustherapie, Berlin/Heidelberg/New York, 2. Aufl. 1982, S. 411

6 Rothmund, M., Therapeutisches Prinzip: Resektion, in: Blum, A. L., Siewert, J. R., Ulcustherapie, Berlin/Heidelberg/New York, 2. Aufl., 1982, S. 419
7 Lippert, H., Von Kopf bis Fuß, Köln, 1986, S. 221
8 Wie Anm. 6, S. 429f. und: wie Anm. 7
9 Wie Anm. 6, S. 447

Die Autorin:

Krista Federspiel, Dr. phil, Jg. 1941, Studium der Germanistik, Volkskunde, Theaterwissenschaft und Psychologie. Ab 1966 als freie Journalistin in der *Arbeiterzeitung* tätig mit den Schwerpunkten Arbeitswelt, Bildung, Jugend, Minderheiten, Frauenpolitik. Bis 1984 Redakteurin bei der Wochenzeitschrift *Die Frau,* Tätigkeit als freie Journalistin u. a. in *profil, Gesundheitsmagazin D. R.*, Veröffentlichungen: *Frauen der ersten Stunde 1945–55* (als Mitautorin; 1985), *Zahn um Zahn, vom Umgang mit Zahnproblemen und Zahnärzten,* Bittere Pillen-Patienten-Reihe, 1986.

Register

Verena Corazza
Andrea Ernst
In der Regel

Wenn die Menstruation Probleme macht

In der Regel gibt Auskunft über die körperlichen und seelischen Vorgänge während der Regel, Regelstörungen und ihre Ursachen. Der Ratgeber enthält Tips zur Erleichterung der Regelstörungen und -beschwerden und bewertet alle wichtigen Medikamente und Hygienemittel nach Nutzen und Risiken.